本书出版受辽宁省教育厅高等学校基本科研青年项目"基于国际金融权力指数分析下的金融霸权制衡策略研究"（WQN201724）、辽宁大学亚洲研究中心亚洲问题研究青年项目"东亚货币合作新趋势与中国角色定位研究"（Y201808）、2018 年度辽宁大学青年科研基金项目（社科类）"金融科技发展视角下的全球金融治理变革研究"（LDQN2018013）资助

教育部人文社会科学重点研究基地
辽宁大学转型国家经济政治研究中心
青年学者文库

全球金融治理变革研究
——基于国际金融公共产品的视角

STUDY ON REFORM OF
GLOBAL FINANCIAL GOVERNANCE
—From the Perspective of
International Financial Public Goods

周帅 著

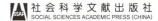

社会科学文献出版社
SOCIAL SCIENCES ACADEMIC PRESS (CHINA)

谨以此书献给我的爷爷

| 摘 要 |

　　全球金融体系治理的本质是国际金融公共产品的供给，在没有世界政府的情况下，最初由西方国家主导，这就为国际金融公共产品被西方国家"私有化"提供了可能，使得全球金融体系治理秩序存在非中性，即有利于主导国而损害其他国家的利益，因此改变不公正的国际秩序便成了后起国的心愿，这种心愿会伴随着后起国的相对快速发展而日益强烈，变革全球金融体系也就成为后起国崛起的必经之路。当前随着美国经济实力相对下降与中国快速发展，美国著名国际政治学者约瑟夫·奈提出要避免"金德尔伯格陷阱"，即在全球经济治理中，原霸权国无力供给国际公共产品时，崛起国通过示弱逃避国际公共产品供给责任，使国际经济体系因国际公共产品供给不足而陷于混乱。全球金融治理作为全球经济治理的重要领域，是否也面临类似的情况，中国应该如何参与到国际金融公共产品供给之中，这需要我们从全球金融体系治理变革的历史中来看现在与未来，而"国际金融公共产品"便是一个合适的视角。

　　本书在回顾公共产品理论、国际公共产品理论的基础之上，对国际金融公共产品的概念、类型、供给等进行了系统的理论探索，对历史中国际金融公共产品的演进特点与变革逻辑进行了总结与论述。全书章节在"全球金融体系治理变革的 2×2 分析模式"框架下展开，分别从全球层面和区域层面探讨了以美国为主导的全球金融体系治理对世界经济的负面影响，即后起国变革全球金融体系治理秩序的重要动因，同时也探讨了中国等新兴市场国家在全球层面与区域层面推动金融体系治理变革的实践，并且以东亚实践为例考察了金融体系治理的变革。在此分析过程中，本书构建了国际金融权力指数，用以进行原创性量化分析。最后，对中国等新兴市场国家参与全球金融体系治理变革提出了建设性建议。

目录
CONTENTS

第一节　选题背景与选题意义

一　选题背景

习近平在二十国集团（G20）领导人第九次峰会中强调要"建设公平公正、包容有序的国际金融体系，提高新兴市场国家和发展中国家的代表性和发言权，确保各国在国际经济合作中权利平等、机会平等、规则平等。要加快并切实落实国际货币基金组织改革方案，加强全球金融安全网"。这是习近平首次提出要建设包容性国际金融体系。在2016年G20杭州峰会上，习近平再次强调要"不断完善国际货币金融体系，优化国际金融机构治理结构"，"完善全球金融安全网"，同时本届峰会重启了国际金融架构工作组。可见，完善和变革全球金融体系治理是中国当前重要的对外战略。

国际货币金融秩序通常是由国际金融体系中最强国主导，这一秩序往往具有非中性，即有利于霸权国，而不利于他国，因此改变不公正的国际秩序便成了后起国的心愿，这种心愿伴随着后起国的相对快速发展而日益强烈。2008年全球金融危机爆发以后，全球金融治理问题得到世界各国的高度关注。很多经济学学者认为，从根本上来说全球金融体系治理存在的众多不足是造成这场自 20 世纪初经济大萧条以来最为严重的全球金融危机的重要原因。对这些问题的批评主要集中在美元体系、国际货币基金组织治理及国际金融监管体系在应对金融创新和金融自由化的不足等方面。在应对 2008 年全球性金融危机的过程中，G20 取代 G7 成为国际经济政策协调的主要新平台，虽然全球经济和金融市场稳定有所好转，但是在金融危机爆发后的今天，全球金融体系治理之中的诸多问题仍没有得到实质性的解决。总之，变革当前全球金融体系治理仍然是中国等新兴市场国家面临的重要课题。

全球金融体系治理的本质是各国提供国际金融公共产品，而后起国在供给国际金融公共产品时面对的情况与霸权国有所不同。后起国是作为后来者参与到已有的全球金融治理之中，所以对于要如何在这种情况下实现国际金融公共产品的有效供给，需要我们从历史中看现在与未来。

二 选题意义

聚焦于全球金融体系治理变革有着重要的现实意义。

第一，全球金融体系治理对于世界经济有着重要作用。其一，维护国际金融稳定方面，监管、识别国际金融风险，预防与应对国际金融危机，抑制金融危机传染，提高世界经济的整体抗风险能力。其二，实现国际金融效率方面，提高国际资金资源的优化配置，将资金以较低的中介成本投入需要的地方以促进该地区的经济发展，同时也促进国际贸易与投资。

第二，当前中国需要推动全球金融体系体系治理的变革。全球金融体系治理本质是国际金融公共产品的供给，但由于没有世界政府的存在，这一产品的提供往往由主导国承担，这也就使得国际金融公共产品往往被主导国"私有化",而中国等国家作为后来者加入这个全球金融体系治理之后,就必然面对不符合自身利益的全球金融治理秩序,所以推动其完善与变革是后加入者的必经之路。正如选题背景所述,中国当前正积极推动全球金融治理变革,以使其更能反映广大发展中国家的利益。

第二节 文献综述

一 全球金融治理变革相关研究

大家都承认全球金融治理的实质是国际金融公共产品的供给,不过并没有从国际金融公共产品的角度来考察全球金融治理变革的文献,虽然全球金融治理变革的研究文献很多,但大多是议题导向。大多数学者如张礼卿和谭小芬将全球金融治理(Global Finance Governance)定义为通过建立规则、制度和机制来有效管理全球金融活动和货币事务,协调各种在全球、区域和国家层面的利益关系。全球金融治理的目标是维护全球货币和金融的稳定和公平,进而推动全球经济、贸易和投资等各个领域的健康发展。[①] 然而关于全球金融治理变革的研究大多是就某一议题从技术性角度或国际政治权力性角度来论述的。

第一,偏重从技术性角度来考察全球金融治理变革的研究。如以乔依德为首的上海发展研究基金会全球金融治理课题组认为,2008 年全球金融危机是当前全球金融治理的缺陷造成的,而且阻碍了世界经济复苏和金融市场稳定。他们从系统重要性国家货币政策的外溢效应及国际协调、国际货币体系改革、国际金融机构、全球

---

① 张礼卿、谭小芬:《全球金融治理报告(2015~2016)》,人民出版社,2016。

金融安全网和全球金融监管五个部分做了细致的技术性分析，并提出了改革建议。① 黄梅波、熊爱宗从特别提款权的角度探讨了国际货币体系改革问题，从技术上具体介绍了特别提款权的定值、分配方法等，并提出了特别提款权替代账户是较为现实的方案。② 同样 McCauley 和 Schenk 也就通过特别提款权替代账户来改革国际货币体系问题进行了技术上的考察。③

第二，偏重从国际政治权力性角度来考察全球金融治理变革的研究。如李晓、冯永琦从国际公共产品供给的集体行动角度来考察国际货币体系改革，提出了"霸权空位型"、"霸权主导型"和"霸权参与型"三种国际货币体系改革的类型，并认为决定改革成败的主要因素在于霸权状态、共同利益诉求、集体行动的约束力和对国际货币体系的判断；认为当前国际货币体系改革短期目标为"控制失衡"和"抑制美元风险"，中国应该通过 G20 机制来推动国际货币体系改革，避免单独挑战美国的核心利益。④ 谢世清、曲秋颖通过2008 年全球金融危机后大国实力的此消彼长、G20 取代 G8 等现实情况，探讨了世界银行投票权改革的迫切性、必要性与可行性。⑤

此外，部分学者从国际金融公共产品视角，应用博弈论方法分析全球金融治理。如蔡伟宏认为，根据国际制度理性设计的研究模型，大国主导下全球金融治理的目的是解决国际无政府状态下国际货币金融合作所带来的问题。他通过建立发达国家和发展中国家的

---

① 上海发展研究基金会全球金融治理课题组：《全球金融治理：挑战、目标和改革——关于2016 年 G20 峰会议题的研究报告》，《国际经济评论》2016 年第 3 期。
② 黄梅波、熊爱宗：《特别提款权与国际货币体系改革》，《国际金融研究》2009 年第 8 期。
③ McCauley, R. N., Schenk, C. R., "Reforming the International Monetary System in the 1970s and 2000s: Would an SDR Substitution Account Have Worked?," *International Finance*, Vol. 18 (2), 2015, pp. 187 - 206.
④ 李晓、冯永琦：《国际货币体系改革的集体行动与二十国集团的作用》，《世界经济与政治》2012 年第 2 期。
⑤ 谢世清、曲秋颖：《世界银行投票权改革评析》，《宏观经济研究》2010 年第 8 期。

博弈模型，提出国家偏好特别是大国偏好决定了全球金融治理的制度类型，考察了世界经济格局变迁下的全球金融治理制度转型问题，认为新型多边开发金融机构在未来能够使发展中国家在全球金融治理中不再被动，最后他也对中国参与全球金融治理提出了政策建议。①

二　国际金融公共产品

国内外学界对于国际金融公共产品的深入探讨较少，国内外研究主要是在国际公共产品研究中涉及国际金融领域，运用国际公共产品相关理论分析国际金融合作等，少有直接以国际金融公共产品为主题的研究。在国内近年来有部分直接涉及该主题的研究，但仍数量有限，不过其中大量作品基本都出现在近三年，由此可见国际金融公共产品的研究正在引起关注。

庆幸是国内较早涉及国际金融公共产品研究的学者，他探讨了2008年国际金融危机之后，中国在国际金融公共产品供给中角色的变化。在涉及国际金融公共产品本身部分，他的主要贡献是明确了什么是国际金融公共产品并论述了国际金融危机前国际金融公共产品的供给现状特点。他将国际金融公共产品分为以下方面：①稳定且开放的国际金融体系，既能够提供充分的国际资本进行国际清偿以及资本的有序流动，又能维护国际汇率体系的稳定；②自由的国际金融货币体制，即国际货币间可自由兑换；③应急危机管理机制；④良好的国际自由贸易体制；⑤国际金融一体化；⑥国际宏观经济政策的协调机制等。在国际金融危机前国际金融公共产品供给的现状部分，他认为国际金融公共产品的两大特点是主要由霸权国提供及供给不足。② 可

---

① 蔡伟宏：《国家博弈、制度形成与全球金融治理》，《国际经贸探索》2015年第8期。
② 庆幸：《国际金融危机后中国在国际金融公共产品供给中的角色变化》，《国际关系学院学报》2011年第1期。

能由于最早以此主题进行探讨，所以稍有美中不足，没能对国际金融公共产品本身进行深入的研究，当然这也给后人留下了广阔的探索空间。同时，对于他将完善的国际自由贸易体制也列入国际金融公共产品之中等，笔者也有不同的见解。

章玉贵在 2015 年发表了以"全球金融公共产品供给"为主题的论文，这是国内第二篇在题目中直接提到国际金融公共产品的文章。他在国际金融公共产品方面的论述着重分析国际金融公共产品供给的稀缺性与不足，继而探讨了中国应该如何向区域乃至全球提供具有中国元素与范式特征的金融公共产品。① 同样美中不足的是，他虽然以国际金融公共产品供给为主题，但是并没有从理论上对国际金融公共产品进行深入的论述，而是从实践上以 IMF 为例分析以美国为主导的国际金融秩序的不足，进而提出中国等后起工业化国家供给国际金融公共产品的思路。显然，他只是将国际金融公共产品当作单纯的名称使用，把 IMF、金砖银行等统称为国际金融公共产品，而并没有对国际金融公共产品做出理论上的贡献。

除以上直接以国际金融公共产品为主题的文献之外，还有众多在国际公共产品研究中涉及国际金融领域或者以国际金融领域为例以国际公共产品视角进行探讨的文献，学者们为我们加深对国际金融公共产品的认识做出了重要贡献。

刘玮、邱晨曦在探讨霸权国供给国际公共产品问题时，认为在正常时期霸权国注重合法性，一般使用委托－代理模式通过国际组织来提供国际公共产品，当霸权体系出现危机，霸权国衰弱时则会更加注重相对收益，这时会主要通过双边协议网络来供给国际公共产品。增加排他性使国际公共产品实现精细化的配置，集中向符合自身利益需要的国家供给国际公共产品，利用有限的资源巩固霸权

---

① 章玉贵：《全球金融公共产品供给与中国金融资本力锻造》，《国际观察》2015 年第 2 期。

国内—国际政治基础。随后他们以美国作为最后贷款人维护国际金融稳定为例，在日常阶段美国选择通过 IMF 作为最后贷款人，但当处于全球性金融危机时，美国会选择双边货币互换网络来充当最后贷款人，使美联储将有限的资源用于救助美国金融利益和战略价值覆盖的国家。① 他们对国际最后贷款人的实现形式，以及委托－代理国际组织和双边货币互换网络各自特点的论述为国际金融公共产品的理论探索提供了诸多启示。

李娟娟、樊丽明在探讨国际公共产品的供给是如何实现的过程中，提出国家异质性和各国策略互动，建立了分析国际公共产品供给的动态博弈模型，揭示了国家异质性的存在决定了各国领导者、跟随者或"搭便车"者的角色，使得国际公共产品得以供给，并以此解释了亚洲基础设施投资银行（简称亚投行）成立的原因。② 同样是李娟娟、樊丽明以国际公共产品的视角探讨了金砖国家开发银行成立的经济学逻辑，他们借鉴国际公共产品理论，指出金砖银行属于中间国际公共产品，其属性体现为其功能和服务对最终公共产品——金砖各国共同利益的促进作用。③ 可以看出，李娟娟和樊丽明主要探讨了如何克服集体行动困境实现国际公共产品供给的问题，在此过程中以国际金融公共产品中的亚投行和金砖银行为例进行解释，这为探索国际金融公共产品的供给提供了有益的启示，不过仍旧没有就国际金融公共产品本身给予深入的论述。

在国外关于国际公共产品的研究中，稳定的国际货币金融体系一直被视为公共产品，最早追溯到奥尔森（Olson）的研究，他认为

---

① 刘玮、邱晨曦：《霸权利益与国际公共产品供给形式的转换——美联储货币互换协定兴起的政治逻辑》，《国际政治研究》2015 年第 3 期。

② 李娟娟、樊丽明：《国际公共品供给何以成为可能——基于亚洲基础设施投资银行的分析》，《经济学家》2015 年第 3 期。

③ 李娟娟、樊丽明：《金砖国家开发银行成立的经济学逻辑——基于国际公共品的视角》，《中央财经大学学报》2015 年第 5 期。

为多边贸易提供有序的金融安排是一种国际公共产品。[①] 其后，金德尔伯格提出国际货币体系的稳定需要有领导国，尤其是在危机时领导国更需要提供反经济周期的长期贷款、商业票据贴现等措施。[②] 在此之后，吉尔平等学者也延续前人观点，将国际货币金融体系稳定视为一种国际公共产品，认为它有利于人人可以得益的商业活动。[③]

在《全球化之道——全球公共产品的提供与管理》一书中，在对国际公共产品进行系统的理论分析之后，在全球公共产品概念应用的个案研究中，史黛芬妮·格里菲斯－琼斯聚焦于国际金融领域，她不仅认为国际金融稳定是一种国际公共产品，也认为国际金融效率属于国际公共产品，这些产品尤其对发展中国家至关重要，其中金融效率指可以通过较少的中介成本和对稀缺资金进行可持续配置来促进经济发展，在高效的国际金融体系中，发展中国家能够更好地享有发展和经济增长所需的资金。[④] 接着，她对为得到这一公共产品所需的国际金融架构、国际金融改革及改革日程等做了探讨。虽然她指出了国际金融领域的公共产品——国际金融稳定和金融效率，并在前人基础上将国际金融效率纳入国际公共产品研究是一个重要的贡献，但仍如其他学者那样她并没有对国际金融公共产品进行系统分类与理论探讨。

由以上可知，无论是国内的还是国外的研究，都缺乏针对国际金融公共产品的系统性理论探索，对国际金融公共产品类型及其属性等研究不够深入，但前人的相关贡献也为研究国际金融公共产品提供了有益的启示与基础。

---

① Olson，M.，"Increasing the Incentives for International Cooperation，" *International Organization*，Vol. 25（4），1971，pp. 866 – 874.

② 〔美〕查尔斯·金德尔伯格：《1929—1939 年世界经济萧条》，宋承先、洪文达译，上海译文出版社，1986。

③ 〔美〕吉尔平：《国际关系政治经济学》，杨宇光译，经济科学出版社，1989。

④ 〔美〕史黛芬妮·格里菲斯－琼斯：《作为一种全球公共产品的国际金融稳定与市场效率》，载〔美〕英吉·考尔等编《全球化之道——全球公共产品的提供与管理》，张春波、高静译，人民出版社，2006。

三 国际货币金融的权力性

国际金融公共产品与国际公共产品有一个很大不同点，即国际货币金融具有更强的权力。

（1）国际金融权力相关研究

国内外文献中少有对国际金融权力本身的系统性理论论述，大多着重于国际金融权力的工具性运用。肯·米勒（Ken Miller）认为，中国通过直接或间接支持出口，从而积累了巨额外汇储备，这使中国获得了其从未有过的国际金融权力。丹尼尔·W. 德雷兹内（Daniel W. Drezner）从债权国和债务国角度出发，认为债权国的国际金融权力可分为威慑（Deterrence）和胁迫（Compellence）两种：威慑是指避免债务国所施加的压力，即债权国拥有足够的外汇储备可对债务国自动形成威慑，使其减少在其他政策冲突中制造麻烦；胁迫是指强制债务国做出让步，即通常是债权国通过威胁撤回投资或减少新债购买、调整外汇储备结构、唱衰债务国货币等方式来胁迫债务国。可以看到以上两位学者都将外汇储备视为国际金融权力的重点。[①] 国内学者沈本秋借鉴巴内特和杜瓦尔的"权力论"对美国金融权力进行了评估，试图探索金融权力本身，但他只是从政治学中简单借鉴了几个权力的概念，之后在这几方面直接通过一些事例来评估美国在国际金融领域的权力，而且严格来说，美国的金融权力和其在国际金融领域的权力是不完全相同的，同时文中强调了美元在美国金融权力中的重要地位。[②] 此外，乔纳森·科什纳在《货币与强制：国际货币权力的政治经济学》一书中对货币权力的工具

[①] Ken, Miller, "Coping with China's Financial Power: Beijing's Financial Foreign Policy," *Foreign Affair*, 2010, pp. 89 – 96; Daniel, W. Drezner, "Bad Debts: Assessing China's Financial Influence in Great Power Politics," *International Security*, Vol. 34 (2), 2009, pp. 7 –45.

[②] 沈本秋：《美国的金融权力评估》，《世界经济与政治论坛》2011 年第 6 期。

性运用进行了阐述，他着重考察了国家怎样才能将国际货币关系当作一种施加强制性权力的工具来运用，这种国际货币关系是指一系列特定的安排和行为，而这些安排和行为能影响国家发行货币的价值、使用、稳定以及其他属性。他提出了货币操控、货币依赖和体系破坏三种国际货币权力的运用方式，而外汇储备在这三种运用方式中占有核心地位，很多时候都是通过外汇储备的使用来完成以上三种货币权力的工具性运用的。①

（2）国际货币权力相关研究

在现代国际政治经济学研究领域中关于国际货币权力的研究相对较少，国际货币权力论②发展初期即20世纪70年代只有查尔斯·金德尔伯格、苏珊·斯特兰奇（Susan Strange）、科恩等少数学者的研究有所涉及，直到20世纪90年代仍然被乔纳森·科什纳称为"被忽略的研究"，在此之后相关研究才逐渐增多。

在20世纪70年代国际货币权力论发展初期，影响最大的是苏珊·斯特兰奇所提出的货币权力论。苏珊是最早将政治引入国际货币分析的学者之一，她试图构建一个国际货币的政治理论，该理论着眼于国际货币地位的成因和影响，即聚焦于国际货币形成的政治、经济条件和国际货币为发行国带来的政治、经济影响。与一般按国际货币职能的分类方式不同，她有意识地把政治、经济融合起来作为分类基础，进而将国际货币分为首席货币（Top Currency）、主要货币（Master Currency）、中性货币（Neutral Currency）和协商货币（Negotiated Currency）四种。其中，主要货币与其他三种货币的不同之处在于其最主要的基础是政治，该货币的发行国利用政治实力强

---

① 〔美〕乔纳森·科什纳：《货币与强制：国际货币权力的政治经济学》，李巍译，上海人民出版社，2013。

② 本书中的货币权力论专指对于货币权力本身的研究，如探索其本质与来源，所以并不包括对于货币权力的工具性运用。之所以没有将科什纳1995年的著作写入其中，是因为他更注重于运用，但其关于货币权力本质的论述在后文分析中有所引用。

制确立该货币在某一范围内的主导地位；协商货币是通过提供军事或金融上的好处来推动他国对该货币的支持；首席货币的发行国在世界经济中居于领导地位，其通过强大的经济驱动该货币的广泛使用；中性货币的国际使用源自非主导但强大的发行国经济地位，同时它虽不是由政治驱动的，但也必须达到一定的政治条件。这四种分类并非互相排斥，一个国家可以扮演其中一个或多个角色，甚至是四个角色集于一体，但每种角色所带来的政治影响仍旧是不同的。[1]

国际货币权力论发展在经过沉默的 20 世纪 80 年代后，进入 20 世纪 90 年代以来的黄金发展期。在 20 世纪 90 年代后期，科恩提出了影响较大的货币金字塔论，这一国际货币权力论主要是基于货币流通范围[2]（货币流通域）这一关键概念，货币流通范围即货币的跨境使用，包括货币国际化和货币替代两种形式。科恩也曾试图量化基于货币流通域的货币世界结构，但他认为广泛和连续的全球货币使用数据的缺失使精确测量成为不可能，不能进行严格的定量分析，但可以使用某些指标进行粗略测量和估计，从而得到一个世界多种货币间竞争广泛和等级明显的图景。正是基于这种考虑，科恩通过对货币国际化和货币替代的数据描述，得到了一幅综合的货币流通地图，其完全不同于传统的严格以国家地理为边界的货币地图，他将此称为货币金字塔以强调货币间竞争的非对称性和不同的权威等级关系。基于货币的势力范围越大，其在金字塔中的位置越高的设定，他将货币分为七类，即顶级货币、高贵货币、杰出货币、普通货币、被渗透货币、准货币、伪货币。同时，科恩通过流通域的扩大这一概念将领土货币[3]赋予国家政治象征主义、铸币税、宏观经

---

[1] Strange, Susan, "The Politics of International Currencies," *World Politics*, Vol. 23(2), 1971, pp. 215 – 231; Carla, Norrlof, "Dollar Hegemony: A Power Analysis," *Review of International Political Economy*, Vol. 21(5), 2014, p. 1055.

[2] 这种范围既是地理上的范围，也是国际货币职能上的范围。

[3] 领土货币是强调传统上以地理为边界的货币。

济管理和与外界影响隔离的权力扩展至国际。基于以上两点，货币金字塔论认为处在较高位置的货币相较于位置较低的货币享有更大的权力。[①]

在 2000 年之后，国际货币权力论进入相对繁荣发展期。科恩从货币权力概念本身着手探寻其本质，在借鉴关系性权力（Relational Power）[②] 这一概念基础上，认为货币权力与一般权力不同，不仅包含"让他国按本国意愿行事"的这种影响权，也包括"不受外界约束，自由行事"的自主权。自主权是影响权的前提，不可持续的国际收支失衡威胁一国的政策独立性，避免因收支失衡带来的调整压力便成了货币权力的基础，而这需要推迟调整或将调整成本转嫁他国的能力，只有获得这种自主权，一国才能够将注意力转向考虑影响他国的可能性。影响权分为两种：一种是内生于自主权，一国在获得政策独立性时自动产生影响权，因为如果要修复国际收支失衡，在一国避免了调整的情况下，只能由另外一国来承担调整的成本，也就是说一国获得自主权的同时必然存在某种程度的影响权，这是影响权的一种被动形式，由市场驱动；另一种则是一国为达到经济或政治目标有意识地使用影响权，这是影响权的一种主动形式，由政府驱动。

科恩在提出货币权力的自主与影响两个关键概念后，先后分别从推迟权（the Power to Delay）、转嫁权（the Power to Deflect）和国际货币职能的角度来探寻货币权力的来源。科恩认为在宏观维度最重要的货币权力是避免国际收支失衡经过调整带来的持续性损失（Continuing Cost of Adjustment）和过渡性损失（Transitional Cost of Adjustment），前者使赤字国的产出在世界总产出中的比例下降，造

---

① 〔美〕本杰明·J. 科恩：《货币地理学》，代先强译，西南财经大学出版社，2004。

② 政治学上对权力的经典定义，即 A 国让 B 国做它本来不愿意做的事情，后在苏珊·斯特兰奇提出结构性权力（Structural Power）时将其归类为关系性权力。Dahl, Robert, "The Concept of Power," *Behavioral Science*, Vol. 2(3), 1957, p. 203；Strange, Susan, *State and Markets*, New York: Continuum, 1998。

成其相对国力的减弱，后者会带来国内经济结构的调整，造成国内经济与政治的不稳定，而推迟权和转嫁权可分别应对这两种调整损失。推迟权是通过一国较好的国际清偿能力（International Liquidity）为赤字融资，国际清偿能力的来源包括自身拥有的储备和从外部借贷的能力。转嫁权是通过结构性变量即"开放性"（Openness）和"适应性"（Adaptability）体现出来的，开放性体现了一国经济面对国际收支失衡时的敏感性，即受外部影响的程度，而适应性则体现了面对国际收支失衡时的脆弱性，即须承担调整的幅度。[①] 在此之后，科恩又通过把国际货币承担的计价、交易、价值贮藏三种职能分解为在私人和官方层面的六种职能，进而考察每种职能对于增强国家自主权与影响权的程度，以此来探寻货币权力的来源（见表1-1）。在此视角下，科恩认为货币权力的直接来源是私人层面的投资（金融市场）和官方层面的储备货币职能。[②]

表 1-1 国际货币的职能

分析层次	职能		
	交易媒介	价值尺度	价值贮藏
私人	外汇交易、贸易结算	贸易计价	投资（金融市场）
官方	干预	驻锚	储备

资料来源：Benjamin, J. Cohen, "Currency and State Power," in Martha Finnemore and Judith Goldstein, eds., *Back to Basics: State Power in a Contemporary World*, NY: Oxford University Press, 2013。

[①] 敏感性和脆弱性是科恩借鉴 Keohane 和 Nye 的论述，敏感性体现的是面对外部冲击，一国受影响的程度，脆弱性体现的是一国为适应外部冲击所需调整的程度（成本）。Robert, O. Keohane, and Joseph S. Nye, *Power and Interdependence: World Politics in Transition*, New York: Longman, 2001。

[②] Benjamin, J. Cohen, "Currency and State Power," in Martha Finnemore and Judith Goldstein, eds., *Back to Basics: State Power in a Contemporary World*, NY: Oxford University Press, 2013; Benjamin, J. Cohen, "The Macrofoundations of Monetary Power," in Andrews David, ed., *International Monetary Power*, Ithaca: Cornell University Press, 2006, pp. 31-50.

在 2015 年也有学者提出了另外一种货币权力论，他们从货币的政治属性出发，提出了货币的基础性权力和工具性权力。[①] 其中，基础性权力是国家政治、经济现实赋予货币的权力，包括基础威望和转化权。基础威望是一种软实力，即吸引市场行为者和他国政府认同、持有和使用该国货币，使他国认为该国理应拥有强大的货币。这种权力的来源：在经济上是该国的经济实力，政府采取稳健的货币和财政政策以及经常账户和净债务状况；在政治上是该国政权稳定，透明的政治运作，国家政治理念。转化权是一国将国家实力转化为货币工具性权力的潜力，政府意愿是启动转化的"开关"，其来源在经济上是该国经济实力、贸易网络、金融市场，在政治上是政治影响力[②]与军事力量。货币的基础性权力支撑了货币的工具性权力。

所谓工具性权力是与基础性权力相对应的，是货币赋予国家的权力，即给一国政府增加财富、自主或影响他国的实力。工具性权力同样分为两部分，即经济性权力和政治性权力。其中，经济性权力可分为财富权和反经济调整权：财富权是指可以获得货币收入；反经济调整权是指货币发行国在面对国际收支失衡和经济周期波动时可以行使货币权力来避免或削弱由此带来的经济调整，同时也可以减少因货币错配带来的成本，以此削减经济损失与确保政治稳定。政治性权力分为上层威望和影响权：上层威望与基础威望相对应，是货币赋予国家的软实力，一国货币的广泛使用既是强国的标志，也可重塑他国偏好；所谓影响权是指影响他国行为的权力，一种是关系性权力，通过他国对本国所有或控制的金融资源的依赖来直接影响其行为，另一种是结构性权力，一国凭借他国对本国的金融依

---

① 谢晓光、周帅：《后布雷顿森林体系时代东亚货币关系的演变：国际货币权力结构－进程视角》，《当代亚太》2015 年第 1 期。

② 这里的政治影响力是指一种政治从属关系。

赖来设定制度、规则、议程并以此来影响运行其中的货币发行国的权力。这种工具性权力的来源是贸易网络、金融市场和储备货币。

（3）小结

总体来看，国内外学界对于国际金融权力的本质及其来源的系统性理论论述较为缺乏，而国际货币权力的研究相对完善。不过国内外学者并未将两者进行完全的区分，其界限存在模糊性，并且对于国际货币权力的研究存在一定的泛化，并非专指本国国际货币带来的好处。也就是说，广义的国际金融权力和广义的国际货币权力是相互重叠的，本书将两者等同起来，统称为国际金融权力。

第三节　研究方法

一　总体方法概述

在研究方法上，本书采用国际政治经济学的分析思路，将定性与定量研究相结合。在定性方面，采用归纳与演绎思维方式、案例过程追踪法；在定量方面，基于国际金融权力指数的构建，计算"极"、集中度和绘制权力指数图，同时采用普通最小二乘法与固定效应模型进行回归分析。以上方法都是学术研究中应用的经典方法，书中相关部分在使用时会有所介绍，所以此处不再一一赘述。

二　国际金融权力指数的构建

（一）对当前国际货币权力论的思考与修正

从上文我们可以看到，关于国际金融权力论的研究缺乏对其本质及其权力来源的系统性理论论述，大多只是聚焦于外汇储备，所以它不能成为国际金融权力指数构建的理论基础。相对来说，国际货币权力论的系统性理论论述更为完善，且广义的国际货币权力和广义的国际金融权力是重叠的，但如果要将其作为指数构建的理论基础，还需要结合国际金融权力论与自身思考来对国际货币权力论进行修正。四类国际货币权力论①的不同缘于对货币权力的认知方式和本体认识的不同。从认知方式上来看，科恩、苏珊、谢晓光和周帅运用归纳的思维方式提出几种货币权力，而科恩近期运用演绎的思维方式，从一般性权力概念演绎出货币权力，提出自主权和影响权。从对货币权力的本体认识上来看，科恩认为货币权力是货币的跨国使用将国内货币权力扩展至国际，为国家带来政治象征主义、铸币税、宏观经济管理和与外界影响隔离等权力，是货币的跨国使用为国家带来的权力；苏珊认为一国的政治经济实力可以为货币确立领导地位，并由此为国家带来好处，即货币权力是一国政治经济实力赋予货币的领导力及由此带来的权力；近期科恩在提出货币权力的自主权和影响权后，认为推迟权和转嫁权是其主要表现形式，其中推迟权中最重要的是国际清偿能力，其依靠自身外汇储备与借款能力，同时国际关键货币同样可以支撑这种权力，而转嫁权则依靠的是一国经济的开放度与其适应性，即科恩认为货币权力是国家自身及国际关键货币赋予的；谢晓光和周帅将货币权力分为基础性货币权力和工具性货币权力，基础性权力是国家政治、经济现实赋予货币的声誉与发展能力，工具性权力是货币为一国政府增加财富、自主或影响他国的权力。可以看出，对货币权力的本体认识经历了由货币权力是货币单独赋予国家的权力与国家政治经济现实和货币融合支撑的权力，到进一步将国家赋予货币的权力与货币赋予国家的权力从笼统的货币权力中明晰出来的发展。

从前人对于国际货币权力的探寻中可以看出，运用归纳的思维

---

① 将科恩早期与近期观点视为两种不同的货币权力论。

方式将对货币权力的认识局限于国际货币带来的好处，而通过演绎的思维方式把对货币权力的认识打开了一扇天窗，不再拘泥于把货币权力等同于国际货币为国家带来的好处，而是将外汇储备等要素纳入视野，使得后人关于"本币非国际货币的国家也可拥有货币权力的认识"成为可能，而这种国际货币权力的泛化在实质上成为广义的国际金融权力，对此进行修正便可作为构建国际金融权力指数的理论基础。同样，在对货币权力本体认识的过程中，将国家赋予货币的权力与货币赋予国家的权力进行区分，有助于我们进一步厘清什么是货币权力。如当我们提起美元霸权的时候，我们想起的是美元的主导地位以及由此为美国带来的特权，但我们应当知道美元的国际地位与其为美国带来的特权是两件不同的事，前者是美元自身的实力，是美国政治经济现实为美元带来的权力，也可以说是美元的权力，而后者是美元为美国带来的权力，同样也可以说是美国的权力。连接两者的逻辑链条是，一国货币流通范围越广，该国就可获得更多国际货币带来的好处。将这一链条进行进一步考察，此处假定世界各国经济、政治相互联系，并且不能完全分隔。在这样的世界中，一国的政治、经济现实赋予货币以扩张的权力，货币通过自身实力获得流通域，其流通范围又为国家带来权力，但权力是一个相对的概念，各国货币的流通域也就由此联系在一起。较小流通域带来的权力一定小于较大流通域，同时某一固定流通域所能带来的权力也会受其他货币流通域大小的影响，即增加或减弱其带来的权力，也就是说，最终货币为国家带来的权力并非完全依据其绝对流通域，还依据其在国际货币权力结构[①]中的相对位置，即货币为

---

① 国际货币权力结构，类似国际关系理论中结构现实主义的国际权力结构和谢晓光、周帅提出的国际货币权力结构。〔美〕肯尼思·沃尔兹：《国际政治理论》，信强译，上海人民出版社，2008；谢晓光、周帅：《后布雷顿森林体系时代东亚货币关系的演变：国际货币权力结构-进程视角》，《当代亚太》2015年第1期。

国家带来的权力是由其在国际货币权力结构中的特定位置所赋予的。在获得这种权力之后，国家运用其来增强自身政治、经济实力，这又可推动货币自身实力的增长，由此形成一个逻辑闭环。[1] 在这之中能为国家带来直接效用的货币权力应当成为我们探寻的核心，也就是国际货币权力结构所赋予的权力，该种权力来源依靠的是相对货币流通域。以上是将国际货币作为要素进行分析的，此外从前人演绎的思维方式得到启示，我们认识到非国际货币发行国也可拥有货币权力，这时可以将外汇储备纳入视野，其可以为国家带来类似国际货币所赋予国家的权力。[2] 以上分析的是国家用来直接影响他国的权力，属于联系性权力，此外还存在国家用来间接影响他国的货币权力，即结构性权力，也就是一国通过设定国际货币金融治理中的议程、体系规则、决定办事方法和国家间关系框架来影响他国的权力，这些来自一国充沛的流动性和金融市场的发展。[3] 以上讨论的货币权力带有强制性的影响，我们可以把此归类为硬权力，通过演绎的思维方式，自然货币也应该存在软权力，即通过吸引来塑造他国信念、行为，具体表现为吸引他国使之认同本国的货币金融理念和为本国融资，这些主要来自一国良好发展的金融市场、相对货币流通域、货币金融知识等。[4] 在国际金融权力的来源中相对货币流通域

---

[1] 这有些类似在某国总统大选中，某财团用自身资源支持某位候选人，候选人以此获得总统职位，这时他再通过总统的权力来为该财团牟利，其中总统职位的权力就类似于货币权力结构所赋予货币的权力，当然这种类比并不完全准确。

[2] Benjamin, J. Cohen, "The Macrofoundations of Monetary Power," in Andrews David, ed., *International Monetary Power*, Ithaca: Cornell University Press, 2006, pp. 31 – 50; Kirshner, Jonathan, *Currency and Coercion: The Political Economy of International Monetary Power*, NJ: Princeton University Press, 1995.

[3] 结构性权力相关论述可参见以下文献: Strange, Susan, *State and Markets*, New York: Continuum, 1998; Benjamin, J. Cohen, *Organizing the World's Money: The Political Economy of International Monetary Relations*, New York: Basic Books, 1977; Helleiner, Eric, "Structural Power in International Monetary Relations," *EUI Working Paper RSCAS*, No. 10, 2005。

[4] 此处软权力更倾向于吸引，与此前结构性权力间接影响相区别。

与外汇储备较好理解，对于金融市场如何发挥作用这里做简要介绍。一国金融市场越大，也就意味着该国金融越发达，该国倾向于投入更多的资源来完善、发展金融业，也就使得该国金融基础设施更加完善，金融人才与金融知识也更领先，自然在国际金融领域的地位也更加重要，于是该国可通过将别国排除在重要金融资源之外来获得联系性权力，以自身国际金融地位获得结构性权力以及通过吸引他国来获得软权力。在联系性权力方面，如美国为服务于外交目的对进入美国资本市场进行限制，1999 年 9 月，中国石油天然气集团公司（CNPC）计划在纽约证券交易所上市募集 50 亿 ~ 100 亿美元股本，但因其在苏丹进行商业活动而受到美国相关议员和组织的阻挠，CNPC 被迫对自身进行重组，仅让剥离了苏丹业务资产的一个下属子公司上市，并将融资规模下降到 28.9 亿美元，当然由此带来的联系性权力并不理想，并且具有反依赖性。[①] 在结构性权力方面，一国金融市场的地位越重要，在国际金融治理中的发言权也就越大，同时他国为进入该国金融市场或其主导的国际金融市场，将改变自身来达到准入标准。在软权力方面，如美国凭借发达的金融市场将东亚国家的盈余吸引回流来为其赤字融资，海外资金对于美国债券的购买压低了美国的利率，刺激了美国的经济增长，并且这种高于OECD 平均水平的经济增长又强化了外国资本的流入。[②] 此外，强大的金融市场也吸引着他国对本国金融理念上的认同与效仿。

上文阐述了对当前国际货币权力论的一些思考，本书将此作为对已有货币权力论的修正，其也成为广义上的国际金融权力论，后文将以此作为理论基础来构建国际金融权力指数。我们将广义的国

① 〔美〕本·斯泰尔、罗伯特·E. 利坦：《金融国策：美国对外政策中的金融武器》，黄金老、刘伟、曾超译，东北财经大学出版社，2008。

② Herman, M. Schwartz, *Subprime Nation: American Power, Global Capital, and the Housing Bubble*, Cornell University Press, 2009.

际货币权力和广义的国际金融权力定义为一国通过货币金融资源影响或吸引塑造他国理念和行为的权力。修正后的货币权力论内含两个假定：其一是世界各国政治经济相互联系、相互依赖，一国不能完全隔绝于他国；其二是只把货币金融资源为国家带来的权力视为货币金融权力。国际金融权力分为硬权力与软权力，硬权力中又包含联系性权力和结构性权力，具体可参见表1-2。

表1-2　修正后的国际货币权力论

国际金融权力	硬权力		软权力
	联系性权力	结构性权力	
主要形式	一国通过给予货币金融资源或威胁将他国排除在货币金融资源之外来影响他国行为；以自身货币金融资源扰乱他国或系统的稳定来影响别国行为等	一国通过设定国际货币金融治理中的议程、体系规则、决定办事方法和国家间关系框架来间接影响他国行为	一国通过货币金融资源来吸引他国认同本国货币金融理念和为本国融资；为本国带来的声誉
主要来源	相对货币流通域、外汇储备、金融市场	相对货币流通域、外汇储备、金融市场	金融市场、相对货币流通域、货币金融知识

资料来源：笔者自制。

（二）构建国际金融权力指数的尝试

上文对货币权力论的分析与修正为国际金融权力指数的构建打下了坚实的理论基础，本部分正是基于此来进行指标的选择与赋权。参见表1-3，从国际金融权力的三个主要来源入手进行指标的选择，相对货币流通域、外汇储备、金融市场分别以全球外汇储备中一国货币储备量占比、官方外汇储备占比、上市公司的市场资本总额占比作为指标。权力是相对的，所以这些指标均为比重形式，因此它们不存在数量级差别，所以无须进行标准化处理，可直接进行加权平均。① 在赋权方面，相对货币流通域是最为重要的国际金融权力来源，所以给予其最高40%的权重，外汇储备在硬权力方面有着重要作用，而金融市场在结构性权力、软权力方面有着重要作用，所以赋予它们相同的30%的权重。以上指标数据来源为 IMF COFER 数据库和世界银行 WDI 数据库。

表 1 – 3 国际金融权力指数的指标选取

	相对货币流通域	外汇储备	金融市场
指标	全球外汇储备中一国货币储备量占比	官方外汇储备占比	上市公司的市场资本总额占比*
权重(%)	40	30	30
来源	IMF COFER 数据库	世界银行 WDI 数据库	世界银行 WDI 数据库

* 表示以此衡量一国金融市场规模。
资料来源：笔者自制。

国际金融权力指数的计算公式为 $FPI_t = \sum X_{it} w_i \times 100\%$ ，其中 FPI_t 为一国第 t 年的国际金融权力指数，X_{it} 表示第 i 个变量在第 t 年的数值，w_i 表示第 i 个变量的权重。由此计算出的全部国际金融权力指数之和为1，各国指数取值为 0~1，0 表示该国无金融权力，指数的增大表示该国金融权力也随之增大，取1时表示该国占有世界全部金融权力，但是按照指数编制方法与其含义解读，任何一个国家的货币金融权力指数都不会达到1。

在数据可获得性的约束下，我们完成了 1995~2012 年全球 167 个国家和地区的国际金融权力指数的构建。在编制指数时，所选指标均为一国与全球总量的比值，所以在此基础上构造的国际金融权

---

① 在软权力来源中的金融知识难以量化，所以在此处忽略。此外，由于部分国家的一些数据缺失，所以指数存在对部分国家的低估，欧元区以最初 19 个国家为样本。

力指数具有完全的横向可比性与纵向可比性，可以作为衡量各国金融权力的尺度，也可以清楚地观察到各国金融权力此消彼长的图景，同时这种比值形式也体现了权力的相对性。[①]

第四节 创新与不足

本书具有如下创新之处。首先，以国际金融公共产品为视角对全球金融体系治理变革进行系统分析。关于全球金融治理变革研究的文献虽然众多，但大多数文献是以议题或国别为研究导向，部分是从国际公共产品视角出发，而国际金融公共产品供给作为全球金融治理的实质，却没有以此为视角进行系统分析，本书便是在此视角下对全球金融体系治理变革展开考察的。其次，本书首次对国际金融公共产品的类型、供给激励与困境等进行系统考察。国际金融公共产品作为国际公共产品的特定领域有着自身的特点，但是目前并没有对国际金融公共产品进行系统探究的文章，而国际公共产品自公共产品概念被引入国际问题研究领域后，其理论经历了从单一概念到系统分析视角的跨越，所以我们也可以在新形势下继续推动国际公共产品理论的发展，将国际金融公共产品从国际公共产品中细化出来。本书便是在梳理公共产品、国际公共产品相关理论基础之上对国际金融公共产品的类型、供给激励与困境等进行了考察。最后，本书首次系统地构建出国际金融权力指数，为国际政治经济学界贡献了新的研究议题。在梳理国际货币权力、国际金融权力等相关理论基础之上，本书提出了修正后的国际金融权力论，并以此为理论基础，借鉴中国人民大学国际货币研究所构建人民币国际化

[①] 本书在构建国际货币权力指数时参考了中国人民大学国际货币研究所构建人民币国际化指数的方法。中国人民大学国际货币研究所：《人民币国际化报告 2015："一带一路"建设中的货币战略》，中国人民大学出版社，2015。

指数的方法，首次系统地构建出国际金融权力指数。

不足之处是跨学科研究需要对相关领域都有精深的了解，但受笔者能力所限，可能在相关问题上有难以驾驭之处。同时，本书在国际金融公共产品与国际金融权力指数方面进行的探索，在学术界应为第一批相关研究，所以不足之处恐怕也难以避免。

第五节　本书结构

本书共分为七章。

第一章，导论。首先，对本书的选题背景、选题意义做简要介绍；其次，对全球金融治理变革、国际金融公共产品、国际货币金融的权力性等相关研究做系统的综述，同时简述本书的研究方法并构建了国际金融权力指数；最后，指出本书的创新与不足。

第二章，国际金融公共产品与全球金融体系治理：理论探索与分析框架。本部分在回顾公共产品理论、国际公共产品理论基础之上，对国际金融公共产品的概念、类型与供给进行系统的理论探索，并进一步明晰本书对国际金融公共产品的划分与全球金融体系治理的内涵，最后提出本书的分析框架即"全球金融体系治理变革的2×2分析模式"，后文便在此框架下展开。

第三章，全球金融体系治理下国际金融公共产品的历史演进。本部分对历史中国际金融公共产品演进的特点进行论述，并阐述国际金融公共产品变革的逻辑，其中分析了全球金融体系治理变革的动力与路径，并且回顾了历史中的崛起国与全球金融体系治理变革的实践。

第四章，以美国为主导的全球金融体系治理对世界经济的负面影响：变革的源起。本部分从全球层面和区域层面论述以美国为主导的全球金融体系变革对世界经济的负面影响，在全球层面论述国际金融公共产品在维护国际金融稳定与效率中存在的缺陷，在区域层面揭示东亚经济面临的货币困境、制度困境和结构困境。

第五章，国际层面中国参与全球金融体系治理变革的考察。本部分首先从国际金融权力结构激励方面分析中等强国的金融外交互动行为模式，接着提出变革美国金融霸权体系的结构路径，最后分别从存量变革和增量变革方面考察中国在国际金融稳定与效率方面国际金融公共产品的供给实践。

第六章，区域层面全球金融体系治理的变革：东亚实践。本部分指出东亚区域金融公共产品供给是对全球金融公共产品的补充与完善，可以缓解东亚经济的货币困境、制度困境与结构困境，在供给东亚区域金融公共产品时中日合作起着至关重要的作用。

第七章，结论与政策建议。在总结全书基础之上，对中国参与全球金融体系治理变革提出了建设性建议。

第二章

国际金融公共产品与全球金融体系治理：理论探索与分析框架

　　全球金融体系治理的本质是国际金融公共产品的供给，而国际金融公共产品属于国际公共产品，所以对它的理论探索要植根于国际公共产品的相关研究，而当前对国际公共产品的研究仍处于发展之中。众多国内外优秀研究文献对相关基本概念的界定仍存在差异，如在依据非竞争性和非排他性对国际公共产品进行划分时，张宇燕、李增刚划分出全球纯粹公共产品、非纯粹公共产品、俱乐部产品和混合产品，这与桑德勒（Todd Sandler）划分的类似；保建云划分出国家自用产品、跨国自由产品、跨国公共产品和跨国俱乐部产品，并且他在划分表中将跨国俱乐部产品归为非竞争性和非排他性（可能为笔误），这与传统对俱乐部产品的认识有所不同；此外李巍在其著作中探讨作为公共产品的国际制度时称，公共产品通常可以分为纯粹的公共产品和有限的公共产品，后者又被称为俱乐部产品，他将有限的公共产品等同于俱乐部产品。① 由以上可知，学术界对于国际公共产品的认识仍未统一，有必要对其进行梳理与分析。而国际

---

① 张宇燕、李增刚：《国际经济政治学》，上海人民出版社，2008；保建云：《跨国公共产品与跨国俱乐部产品有效供给的经济学分析》，《经济评论》2007年第6期；李巍：《制度之战：战略竞争时代的中美关系》，社会科学文献出版社，2016。

公共产品的研究又源于公共产品理论的拓展，所以本部分将从梳理公共产品开始，其次论述国际公共产品，最后在此基础上探索国际金融公共产品与全球金融体系治理。

第一节　国际金融公共产品的理论探索

一　公共产品的理论回顾、概念与特性

（一）公共产品理论的发展回顾

公共产品理论的思想渊源最早可以追溯到托马斯·霍布斯（Thomas Hobbes）、大卫·休谟（David Hume）等人的著作中。1657年，霍布斯在其著作《利维坦》中对国家本质的论述是公共产品理论的重要思想渊源，他认为"（国家）就是一大群人相互订立信约，每个人都对它的行为授权，以便使它能按其认为有利于大家的和平与共同防卫的方式运用全体的力量和手段的一个人格"。[1] 这揭示了国家为个人提供公共产品的本质。其后，休谟在1739年的著作《人性论》中指出，人类在很大程度上是被利益所支配的，并且最关心的是和自身相关的利益，而获得这种利益需要遵守正义规则，只有借着这些规则才能保全社会，但人性为自身利益所支配，使这种规则不能很好地得到遵守，而这正是政府起源意义之所在，政府执行正义可以使规则得到遵守。其以公共草地积水问题为例，两个邻人可以排除公共草地积水，但一千个人很难做到，他们对于那样复杂的计划难以同心一致，执行计划方面就更加困难了，每个人都在寻找借口，以免去自己的麻烦和开支，把负担转嫁给别人，而政治社

---

① 〔美〕托马斯·霍布斯：《利维坦》，黎思复等译，商务印书馆，1985。

会可以改善这种问题。这进一步指出，政府不仅保护已有的协议，而且能促使订立协议，强力使人们促进某种公共利益，这样可解决国家层面集体行动困境的问题，桥梁、海港、城墙、运河等都因此得以建设。① 可见，公共产品及"搭便车"问题已在休谟的思想中有所体现。同时，霍布斯和休谟对政府的论述是规范层面的应然，或者可以说都含有一个假定，即政府以公共利益为自身利益，是仁慈的政府。

在前人思想启发下，公共产品理论萌芽于亚当·斯密（Adam Smith）、约翰·穆勒（John Mill）的经济学说之中。1776 年，斯密在其著作《国富论》中提出一种产品有可能给社会带来利益，不过这种产品的利润小于某些个人或由少数人组成的群体为此所投入的支出，这就使得任何个人或由少数人组成的群体都无法提供这种产品。斯密虽然信奉市场的力量，但认为市场不能解决所有问题，需要政府来提供这种产品，并指出君主（国家）的三大职责及相应开支，"君主的首要职责是保护社会不受其他独立社会的侵犯""君主的第二个职责是尽力保护社会所有成员免受其他成员的欺侮或压迫，即设立严正的司法机构""君主或国家的第三个职责就是建立和维持公共机构和公共工程，这对于社会是大有裨益的"，即安全、司法和公共工程三大职责。② 1848 年，穆勒的著作《政治经济学原理》出版，他对斯密的思想进行了更新与发展，他在回答所处时代对于政府的职能和作用的适当界限这一争论时，对政府应该行使的职能进行了较为详细的说明，认为保障人身和财产安全的法律体系是政府必须提供的。此外，他也指出"需要保障的财产不只是人们生产出来的，也包括制定法规来规定人类该如何共同享用地球本身、地球

---

① 〔美〕大卫·休谟：《人性论》，商务印书馆，1980。
② 〔美〕理查德·A. 马斯格雷夫、佩吉·B. 马斯格雷夫："序言"，载〔美〕英吉·考尔等编《全球化之道——全球公共产品的提供与管理》，张春波、高静译，人民出版社，2006，第 1 页；〔美〕亚当·斯密：《国富论》，唐日松译，华夏出版社，2005，第 497 ~ 516 页。

上的森林、河流以及地球表面和地球之下的所有其他自然资源"，
"提供公共服务是必要的，但是很少有人感兴趣，这是因为提供这些
服务并不能自动获得相应的报酬"。① 斯密和穆勒都比前人更具体地
对公共产品进行了论述，不过仍然没有明确提出公共产品这一概念，
但可以看出，公共产品理论已处在萌芽之中。

公共产品理论形成于萨克斯（Sax）、瓦格纳（Wagner）、帕特利
奥尼（Panteleoni）、维塞尔（Weiser）、维克赛尔（Wicksell）以及林
达尔（Lindahl）等学者的论著中，尤其是在 19 世纪 80 年代萨克斯将
边际效用价值理论应用于公共金融问题，为公共产品理论的形成奠定
了经济学基础。② 例如，维克赛尔认为政府提供公共产品对私人的边
际正效应应该与因纳税带给私人的边际负效应相等，并且由于社会公
平性要求的存在，公共产品的最佳供应关键在于构建适当的政治运作
程序。1918 年，林达尔对维克赛尔的论述进行修正与发展，提出用
"林达尔模型"来分析政治平等的消费者对于共同决定公共产品供应
与分担相应税后份额的问题，指出"林达尔均衡点"是独一的、稳定
的，它确定了公共产品的供给数量与消费者的均衡税收份额。③

汲取过去学者的思想财富，1954 年美国经济学家保罗·萨缪尔
森（Paul Samuelson）发表的《公共支出的纯理论》为公共产品理论
奠定了分析基础，被视为现代经济学对公共产品研究的起点。萨缪
尔森对公共产品概念进行了系统的阐述，通过序数效应、无差异曲
线、一般均衡分析和帕累托效率等理论进行分析，构建萨缪尔森模
型，提出"萨缪尔森条件"。不过在萨缪尔森的理论模型中关于政治
方面的见解存在不足，如假定政府是一个"仁慈的独裁者"，并可以

---

① 〔英〕约翰·穆勒：《政治经济学原理及其在社会哲学上的若干应用》，赵荣潜等译，商务
印书馆，1991。
② 〔美〕英吉·考尔等编《全球化之道——全球公共产品的提供与管理》，张春波、高静译，
人民出版社，2006。
③ 李慧：《公共产品供给过程中的市场机制》，博士学位论文，南开大学，2010，第 17～18 页。

通过某些途径了解人们对公共产品的偏好，并且假定公共产品供给的资金来自公共财政，此外还假定政府能够提供公共产品或者找到高效的私人代理部门来完成公共产品的供应。这使得该理论没有考虑政治程序在公共产品供应的作用方面与揭示个人对于公共产品的偏好方面做出很好的解答。不过 20 世纪 40 年代以来，公共选择理论在政治因素方面做出了有益的贡献，丰富和完善了公共产品理论，代表人物如阿罗、布坎南、图洛克等。①

（二）公共产品的概念与特性

公共产品思想虽然最初是由霍布斯提出的，但直到 1954 年萨缪尔森才在《公共支出的纯理论》中首次完整地对公共产品进行定义。虽然此后关于公共产品的定义有广泛的争论，但也多是在此基础之上进行反思和发展的。萨缪尔森假定存在两种产品，一种是普通的私人消费品（Private Consumption Goods），另一种是集体消费品（Collective Consumption Goods），其中私人消费品是指个体在消费时会减少其他个体对该产品的消费，并且个体在消费时也可以将其他个体排除在外，与之相对的集体消费品是指个体在消费时并不会影响和减少其他个体对该产品的消费。② 此后这种公共产品的特性被称为非竞争性与非排他性，是公共产品通用定义的基础，这种产品也被称为纯公共产品，属于一种特殊情况，其他非竞争性与非排他性程度介于私人产品和纯公共产品之间的产品通常被称为准公共产品，大部分公共产品属于此类。在萨缪尔森的基础上，马斯格雷夫将产品分为私人产品、公共产品和有益产品，后两者都属于非私人产品，区别在

---

① 〔美〕英吉·考尔等编《全球化之道——全球公共产品的提供与管理》，张春波、高静译，人民出版社，2006；罗鹏部：《全球公共产品供给研究》，博士学位论文，华东师范大学，2008；李慧：《公共产品供给过程中的市场机制》，博士学位论文，南开大学，2010。

② Samuelson, P. A., "The Pure Theory of Public Expenditure," *The Review of Economics and Statistics*, Vol. 36 (4), 1954, pp. 387 – 389.

于消费是否具有可选择性，有益产品带有强制性消费特点，个人不能对该种产品进行选择。① 丹尼斯·缪勒（Dennis C. Mueller）认为可以为所有社会成员以零边际成本供给等量产品的是公共产品。② 此外，公共产品除了有利的一面，也存在一种与之平行的情况，即公共劣品（Public Bads），指某个体的生产或消费对其他个体造成负的外部效应，当然，通常我们所说的公共产品是指有利的公共产品。

布坎南（Buchanan）认为萨缪尔森所提出的纯私人产品和纯公共产品只存在于极端情况中，缺乏一种可以覆盖从私人产品到纯公共产品的一般性理论，所以布坎南提出了俱乐部理论。在该理论模型视角下，只存在俱乐部产品，指通过排他性协议，成员共同分享产品收益与承担成本，其俱乐部规模大小根据俱乐部成员的数量决定，俱乐部产品规模可以小到由一个人或一个家庭单位组成，这时就是所谓的纯私人产品，也可以由无穷多个成员组成，这时便是所谓的纯公共产品。③ 俱乐部产品一般具有排他性与非竞争性，不过当俱乐部成员过多时，将造成拥挤效应，非竞争性会减弱。可见，俱乐部产品属于准公共产品，两者并不等同。

除了上述提及的研究，还有众多学者对公共产品做出了各自的论述，他们在各自的理论模型中有特定的假定。不过总体而言，对公共产品的判断主要依据非竞争性、非排他性原则，如此可分为两大类，一类是具有完全非竞争性和非排他性的纯公共产品，但完全的非竞争性和非排他性几乎是不存在的，所以另一类则是具有某种程度的非竞争性与非排他性的非纯公共产品。后者可进一步分为具有非竞争性和可进行排他性消费的"俱乐部产品"，具有非排他性

---

① 荀凤丽：《公共产品供给主体结构与行为优化研究》，博士学位论文，中共中央党校，2016。

② 〔美〕丹尼斯·缪勒：《公共选择》，中国社会科学出版社，1999，第15页。

③ Buchanan，J. M.，"An Economic Theory of Clubs," *Economica*，Vol. 32（125），1965，pp. 1 – 14.

但有竞争性的"公共池塘资源"（Common Pool Resources）以及同时具有不完全的非排他性和非竞争性的产品。[①]

二　国际公共产品的概念、特性与供给

随着世界经济的发展与技术进步，全球化深入发展，各国相互依存度持续提高，不同国家与群体间的公共领域相互重叠，外部效应与国际公共产品数量呈指数式上升，公共产品问题从一国内部扩展到全球，但国际上并没有一个统一的世界政府，所以对国际公共产品的研究也并非完全照搬公共产品的研究。

（一）国际公共产品理论的简要回顾

由前文可知，现代公共产品理论起源于 20 世纪 50 年代，由萨缪尔森奠基，随后由其他学者继续发展完善。同时，在 20 世纪 60 年代，公共产品理论也向国际问题研究领域扩散，伴随着国际公共产品相关问题开始得到重视，其成为重要的国际关系问题分析框架。奥尔森（Olson）在将公共产品概念引入国际领域过程中起到了重要作用，其在 1966 年以北约为例，研究了国家之间通过国际组织提供公共产品的问题，随后 1971 年他首次明确使用"国际公共产品"这一概念，并以此探讨了提高国际合作激励的相关问题。[②] 金德尔伯格（Kindleberger）在 1973 年提出国际经济和货币体系的顺利运行需要国家在其中发挥领导作用，成为世界经济的"稳定器"，提供国际公共产品，而 1929～1939 年世界经济大萧条之所以波及面宽、持续时间长和破坏程度深是因为英国当时没有能力发挥世界经济的领导作

---

① Kaul, I., Grungberg, I., Stern, M. A., "Defining Global Public Goods," *Global Public Goods International Cooperation in Century*, Vol. 30 (3), 1999, pp. 2 – 20.

② Olson, M., Zeckhauser, R., "An Economic Theory of Alliances," *The Review of Economics and Statistics*, Vol. 48 (48), 1966, pp. 266 – 279; Olson, M., "Increasing the Incentives for International Cooperation," *International Organization*, Vol. 25 (4), 1971, pp. 866 – 874.

用，而美国又不愿意承担此责任。① 他也是最早在文章标题中使用国际公共产品这一概念的学者。此后，吉尔平（Robert Gilpin）等人在金德尔伯格的基础上对霸权稳定论进行了修改和扩展。与霸权稳定论被称为公共产品供给学派相对应的是被视为公共产品需求学派的国际规制论，国际规制论兴起于20世纪80年代，是国际关系领域中新自由制度主义在批判霸权稳定论基础之上提出的，国际规制本身及其结果就属于国际公共产品领域。该理论认为通过建立国际规制可以管理国家间形成的复合相互依赖关系，保持国际秩序稳定，代表人物是克拉斯纳（Stephen Krasner）、基欧汉（Robert O. Keohane）。② 20世纪90年代，随着全球化的进一步发展以及"全球治理"理念的提出，英格·考尔（Inge Kaul）等人在1999年和2003年出版的著作中首次对国际（全球）公共产品的定义进行了完整的界定，并且国际公共产品从此不再仅仅是作为概念用以分析国际领域问题，还开始成为一种系统的独立分析视角，同时他们也在序言和前言中声称其著作将公共产品的分析层次推广到全球，开创了全球公共产品研究的新领域。③

（二）国际公共产品的定义

1999年，考尔等人从国家、社会经济群体和世代三个标准来定

---

① 〔美〕查尔斯·金德尔伯格：《1929—1939年世界经济萧条》，宋承先、洪文达译，上海译文出版社，1986，第12~13页；Kindleberger, C. P., "Dominance and Leadership in the International Economy," *International Studies Quarterly*, Vol. 25（2），1981, pp. 242-254。
② Stone, R. W., London, T. R., "Choosing How to Cooperate: A Repeated Public-Goods Model of International Relations," *International Studies Quarterly*, Vol. 52（2），2008, pp. 335-362；吴志成、李金潼：《国际公共产品供给的中国视角与实践》，《政治学研究》2014年第5期；Krasner, S. D., *International Regimes*, Beijing, Peking University Press, 2005；〔美〕基欧汉：《霸权之后：世界政治经济中的合作与纷争》，苏长和等译，上海人民出版社，2001。
③ Kaul, I., Grungberg, I., Stern, M. A., *Global Public Goods*, Oxford, Oxford University Press, 1999；Kaul, I., Conceicao, P., Goulven, K. L., et al., *Providing Global Public Goods: Managing Globalization*, Oxford, Oxford University Press, 2003.

义国际（全球）公共产品。在国家方面，国际公共产品需要覆盖一组以上国家，如果只覆盖一个区域（如非洲），那么该产品只能称为区域公共产品或者俱乐部产品；在社会经济群体方面，在过去几十年中，社会经济群体不平等在国家之间及一国内部存在加剧趋势，而有些公共产品虽然可以惠及众多国家，但可能只有富裕阶层才能从中获利，进而加剧了贫富分化，所以国际公共产品不仅要惠及广泛的国家，也要惠及广泛的全球人口；在世代方面，由于人的生命长度有限，而有些公共产品如核能的使用，虽然可以惠及当代人群，但长远来看会产生核废料，会损害未来人群的利益，所以国际公共产品要既能满足当代需求，又不伤害未来子孙。简而言之，国际公共产品是收益可以惠及所有国家、社会经济群体和世代的产品。①

当然，能完全达到上述三个标准的纯国际公共产品正如纯公共产品一样稀少，在现实中更多的是非纯国际公共产品，它们能给一组以上的国家带来收益，并且不歧视任何人口群体和世代。我们通常使用国际公共产品来指代纯国际公共产品和非纯国际公共产品，这是因为它们都面对相似的政策挑战。②

（三）国际公共产品的公共性

国际公共产品同前文中的公共产品一样，除了自然属性之外，也受国家间社会建构影响，存在社会属性，人类行为、政策选择和技术进步等都会影响产品的公共性。如本属于一国内部的规则与标准在经过世界各国的努力推动后，可以成为国际上通行的规则与标准，为参与其中的各国提供非排他性和非竞争性的全球性收益。再

---

① Kaul, I., Grungberg, I., Stern, M. A., "Defining Global Public Goods," *Global Public Goods International Cooperation in Century*, Vol. 30 (3), 1999, pp. 2 - 20.

② Kaul, I., Grungberg, I., Stern, M. A., "Defining Global Public Goods," *Global Public Goods International Cooperation in Century*, Vol. 30 (3), 1999, pp. 2 - 20.

如本属于非排他性和非竞争性的大气，为保护生态环境，各国协调设置二氧化碳排放目标或配额，使这一产品由非排他性变为排他性。此外，预算约束的变化也可以使公共产品和私人产品之间产生转换，这是因为原来由于个人财力不足而需要依靠公众共同提供的物品，在预算约束弱化后，这种产品变为个人可以自给，那么它也就由公共产品转换为私人产品。当然，更多情况是只有部分人可以自己提供该种产品，而其他人还需依靠公众共同提供这种产品，这时一小部分人的行为可以称为"规避"，即他们可以依靠自身财力来自己提供某些公共产品，也可以此免受公共劣品的困扰，如在商业航班飞行安全受到威胁时，他们可以乘坐私人飞机，或者在全球变暖时，躲藏在安装有空调的室内，逃避部分不利影响，但是其他穷人不能做出这样的私人规避行为。①

同样，我们也可以借鉴考尔提出的"公共性的三角结构"来考察国际公共产品的公共性，也可以说是国际公共产品的包容性，乃至国际金融体系治理的包容性，这种多角度的考察也揭示出公共产品的非中性。如图2-1如示，处于三角形顶端的是消费的公共性，即我们常说的非排他性，但仅从这一点并不足以完全准确地判断一种商品的公共性，如一国国内的金融稳定需要该国中央银行保有足够的储备，但代价颇高，而该国贫困农民虽然也可以从中获益，但他们的收益要远远小于富裕阶层，并且他们并没有将金融稳定摆在重要位置，农产品补贴政策可能对他们来说更为重要，所以说虽然该种商品具有消费的公共性（非排他性），但收益分配并不具有相应的公共性。处于三角形底边两角的分别是决策制定的公共性和收益分配的公共性。前者是指在决策中有关各方是否都享有相应发言权，

① 张宇燕、李增刚：《国际经济政治学》，上海人民出版社，第179页；〔美〕英吉·考尔等编《全球化之道——全球公共产品的提供与管理》，张春波、高静译，人民出版社，2006，第91页。

具体来说就是产品收益与成本所覆盖的国家是否都能够参与到决策制定过程中来。这有助于提升政策在政治、经济和技术方面的可行性，而且往往一种国际公共产品会干涉一国内部的政策和规则，如果之前在决策制定中各方都享有发言权，那么这种干涉便具备相应的合法性。同时，这种公共性也指在如产品的划分、产量、存在形式及收益分配等具体问题的决策中是否遵守了一般等价原则。后者较好理解，收益分配的公共性是指有关各方获得收益程度的公平性实现了收益在各方之间的平均分配。当然，在使用这一"公共性的三角结构"来考察国际公共产品的公共性时，明确指标、确立可靠的测量方法都至关重要。① 从以上可以看出，判断一种公共产品的包容性时不能简单地看其是否具有非排他性，因为一种公共产品可能会使某些群体受益，同时使某些群体受损，或者使不同群体受益或受损程度不同，公共产品具有非中性，所以需要结合决策制定过程和收益分配来考察该种产品的包容性。

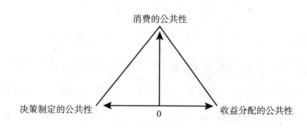

图 2 - 1　公共性的三角结构

（四）国际公共产品的分类

对于国际公共产品的分类，不同的学者有各自的观点。金德尔伯格认为国际公共产品包括为跌价出售的商品保持一个比较开放的

---

① "公共性的三角结构"相关内容可参见〔美〕英吉·考尔等编《全球化之道——全球公共产品的提供与管理》，张春波、高静译，人民出版社，2006。

市场、提供反经济周期的长期贷款和在危机时期实行贴现。[①] 吉尔平同样列举了三种国际公共产品，即自由开放的贸易制度、稳定的国际货币和国际安全的提供。[②] 斯蒂格利茨（Joseph E. Stiglitz）划分出五种国际公共产品，即国际经济稳定、国际安全（政治稳定）、国际环境、国际人道主义援助和知识。[③] 联合国秘书长发表的《执行联合国千年宣言执行路线图》报告将国际公共产品分为 10 类，即基本人权、对各国主权的尊重、全球公共卫生、全球安全、全球和平、跨越国界的通信与运输体系、协调跨国界的制度基础设施（如透明负责的政府管理、技术标准协调、市场效率等）、知识的集中管理、全球公地的集中管理、多边谈判国际论坛的有效性。[④] 可见国际公共产品较为宽泛，所以需要根据不同产品的特性进行系统分类，才能进行更好的探究。

（1）按地理范围划分

国际公共产品按地理范围的大小可划分为全球公共产品、区域公共产品和双边公共产品。

全球公共产品，正如前文所述的国际公共产品定义，是惠及所有国家、社会经济群体和世代的产品，但这种纯国际公共产品是较少存在的，非纯国际公共产品更为常见，全球公共产品便是可以放松后两个标准的产品，也就是说全球公共产品可以是纯国际公共产品，也可以是非纯国际公共产品，而当放松关于惠及所有国家这一标准时，我们就可以得到区域公共产品，也就是说区域公共产品一定是非纯国际公共产品。

区域公共产品相较国际公共产品涵盖范围较小，各国所得收益

① 〔美〕查尔斯·金德尔伯格：《1929—1939 年世界经济萧条》，宋承先、洪文达译，上海译文出版社，1986，第 348 页。
② 〔美〕吉尔平：《国际关系政治经济学》，杨宇光译，经济科学出版社，1989，第 90 页。
③ Stiglitz, J. E., "Knowledge as a Global Public Goods," *Global Public Goods*, 2011, pp. 308 – 326.
④ United Nations, Road Map Towards the Implementation of the United Nations Millennium Declaration, 2001.

与承担成本较为明晰，可以避免全球公共产品供给中的"搭便车"问题，同时在区域合作中一般不存在具有压倒性优势的国家，所以区域公共产品被某大国"私有化"的可能性较小。此外，区域公共产品供给具有针对性，能更直接地反映该地区各国的不同需求，其机制和制度更符合该地区的发展需要。①

最后，双边公共产品，顾名思义，即两国提供的公共产品，该产品进一步突出了区域公共产品的特点，相较于多边国际组织其排他性增强，能够使强国在供给公共产品时获得更多收益。如双边FTA便是双边公共产品，2004～2012年韩国就通过双边FTA轮轴战略吸引更多外国直接投资，提升国际市场竞争力，当前美国放弃TPP，转而寻求双边FTA也是出于对相对收益的追求。②

（2）按非竞争性与非排他性原则划分

正如前文公共产品的划分，依据非竞争性和非排他性原则进行划分是最普遍的做法，可将国际公共产品划分为纯国际公共产品、非纯国际公共产品，而非纯国际公共产品又可细分出三种特殊的产品，即公共池塘资源、俱乐部产品和联产品（Joint Goods）。此外，一般来说，竞争性会刺激一些国家的独立行为，而排他性则会提高国家供给国际公共产品的意愿。

第一，纯国际公共产品便是拥有完全非竞争性和非排他性的产品，即某一国对该产品的消费并不减少其他国家对这一相同单位产品的消费机会，同时该产品也不能将未支付成本者排除在享用收益范围之外，而这也就带来了"搭便车"与偏好显示问题。偏好显示问题是指某一产品受益者倾向于隐藏自身利益偏好以逃脱承担成本，

---

① 樊勇明：《从国际公共产品到区域性公共产品——区域合作理论的新增长点》，《世界经济与政治》2010年第1期。

② 刘洪钟、周帅：《韩国对外经济战略的历史演变与启示》，《人民论坛·学术前沿》2016年第10期。

进而该产品难以达到最优供应水平。一般纯国际公共产品包括国际和平与安全、国际经济稳定、传染性疾病控制与消除等。

第二，非纯国际公共产品，即放松了完全非竞争性和非排他性标准，该产品可以部分具有竞争性或部分具有排他性，再或者兼具两者，大部分国际公共产品都属于这一类别。往往这种产品在消费时，一个消费者的使用会影响其他消费者的消费数量和质量，带来"拥挤成本"，也就是说，新增消费者对该产品使用带来的边际成本不为零。如果进一步细分非纯国际公共产品，又可以划分出公共池塘资源、俱乐部产品和联产品三种特殊的产品。

其中，公共池塘资源是指既具有竞争性，又具有完全非排他性的产品，如公共海洋资源等。这种产品在消费时，一个消费者的使用会给其他消费者带来"拥挤成本"，但完全非排他性的存在，又使这种成本不被考虑，所以就易造成对该种产品的过度使用。此外，与纯国际公共产品相比，竞争性可能会使一些国家采取更独立的行为。

俱乐部产品是指具有部分竞争性和排他性的产品。需要指出的是，俱乐部产品的排他性是建立在将未支付成本者排除在收益之外的成本足够小时，同时俱乐部产品在成员较少时是非竞争性的，当成员增多时，产生"拥挤效应"，产品就由非竞争变为部分竞争，但俱乐部产品往往可以得到有效供给是因为新进入者需要支付边际拥挤成本，且可以根据成员偏好来确定所需承担的成本，缓解公共池塘资源中的过度使用问题，如减少温室气体排放、臭氧层保护等都属于俱乐部产品。需要注意的是，此处提出的俱乐部产品是指技术俱乐部而非国际政治学专业中的政治俱乐部，前者的排他性体现在公共产品的生产、使用上，而后者则体现在歧视性的排他集团中，不能混淆两者。

最后是联产品，其较为特殊，是指在供给某一国际公共产品时，同时产生两种或两种以上的产品，这些产品在公共性上可以不同，其可以是纯国际公共产品、非纯国际公共产品或私人产品。如稳定住一国经济金融动荡，不仅可以为该国带来收益，也可以降低给该区域国家带来的传染性风险，为该地区带来收益，后者便是一种联产品。再如中国在非洲的维和行动受到来自国际的认可和赞扬也是一种联产品，这是由中国享有的私人产品，其他国家不能通过"搭便车"来得到。联产品的存在可以在某种程度上推动国际公共产品的供给。

（3）按公共性特征对国际公共产品进行分类

从前文可知，在国际公共产品的公共性中社会建构有着重要作用，所以如果按照国际公共产品公共性的不同类型进行划分，可以分为国际天然共有物、国际人造共有物和国际政策结果或条件三种产品，此处分类主要参考考尔的论述。①

第一，国际天然共有物，如空气、公海等。这种产品往往可以免费获取，在原始形态下它们大多具有非竞争性和非排他性，当然也可以赋予其社会形式，对其消费施加一定限制，使其成为有管理的消费资源，如臭氧层，对各国排放温室气体施以配额限制。

第二，国际人造共有物，如国际制度、规则、知识等。如果从获取方面继续细分的话，可以分为三种。其一，可免费获取的产品，如非商业性知识具有非竞争性并且很难将其他人排除在外，可供所有人使用。它的商业价值很小，但对人们的日常、经济及政治管制等至关重要。其二，可有限获取的产品，如专利知识，在一定时期内对它的使用存在限制，这可以为个人创新提供激励，由此可以刺激经济活力、促进增长与提高效率。其三，采取措施进一步增加包容性的产品，这类产品往往具有网络特征，产品的扩大使用会带来

① 以下本部分此类划分参见〔美〕英吉·考尔等编《全球化之道——全球公共产品的提供与管理》，张春波、高静译，人民出版社，2006，第90页。

额外收益和正网络外部效应，如国际制度、全球通信和交通体系等，提高其包容性可以扩大产品的使用范围。

第三，国际政策结果或条件。其一是重要私人产品的普及，如提供基础教育；其二是收益不可分割的产品，它们存在技术上的非排他性，它们促成了各国及不同群体间的相互依赖，如世界和平、国际金融稳定等。

（4）按国际公共产品的生产循环阶段划分

考尔从国际公共产品生产循环的角度，将国家公共产品和私人产品等一并纳入，并将国际公共产品分为最终阶段的国际公共产品和中间阶段的国际公共产品。其中，最终阶段的国际公共产品是指可以直接使用的产品，如世界和平、国际金融稳定等；中间阶段的国际公共产品是指为生产最终阶段国际公共产品而投入的产品，它们往往带有工具性特征，如国际制度、国际协议和组织等，当然它们也可以是物质形态或知识形态的公共产品。此外，国家公共产品和私人产品可以成为国际公共产品的一部分，如国家民航制度是国家公共产品，但如果其与国际协议相一致，那么它就成为国际民航网络的一个重要部分，也就成为国际公共产品；再如私人购买蚊帐防蚊，进而预防疟疾，而预防疟疾便是一种国际公共产品，所以私人活动也就变为国际公共产品的一部分。[①]

从生产循环角度可以看出，国际公共产品是由国际合作与国家公共产品乃至私人产品聚合而成的。

（五）国际公共产品的供给

一国内部的公共产品可以由统一的政府以强制税收筹集资金来

---

① 〔美〕英吉·考尔等编《全球化之道——全球公共产品的提供与管理》，张春波、高静译，人民出版社，2006，第93页。

提供，也不必使每一个纳税公民都成为该产品的净受益者。与国内公共产品供给情况大为不同，国际社会并不存在统一的世界政府，也不能强制各国纳税。1648 年威斯特伐利亚体系确认国家享有主权，所以国际公共产品的提供需由主权国家自愿决定，这也就要求该产品要惠及所有参与国，同时如前文所述，国际公共产品供给中仍然存在"搭便车"及偏好显示问题。从以上来看，对于国际公共产品的供给，我们不能完全照搬公共产品供给理论，需要对此进行专门的探究。

（1）供给技术

国际公共产品研究领域学者，如康奈斯（Cornes）、桑德勒（Sandler）、赫舒拉法（Hirshleifer）等人，通常通过聚合技术来探索国际公共产品的供给，即行为体的投入和该种产品总供应水平之间的关系。[①] 总的来说，不同的公共产品适合不同的供给技术，当一种公共产品适用于多种供给技术时，人们可以发挥主观能动性，根据对不同技术特点的掌握来改善国际公共产品的状况。笔者在继承与修正前人研究的基础上，将聚合技术分为以下七种。

第一，总和技术，即每一国为公共产品所做的贡献等于由此带来公共产品供给总水平相应增加的部分，也就是说每个国家所做的单位贡献具有相同效果，它们相互之间可以完全替代。这也就鼓励了"搭便车"行为，并且易造成供应不足的后果。

第二，加权总和技术，即每一国为公共产品所做的贡献乘以各

[①] 此部分关于聚合技术可参见以下文献：Hirshleifer, J., "From Weakest-link to Best-shot: The Voluntary Provision of Public Goods," *Public Choice*, Vol. 41 (3), 1983, pp. 371 – 386; Cornes, R., Sandler, T., "Easy Riders, Joint Production, and Public Goods," *Economic Journal*, Vol. 94 (94), 1984, pp. 580 – 598; Sandler, T., "Regional Public Goods and International Organizations," *The Review of International Organizations*, Vol. 1 (1), 2006, pp. 5 – 25；〔美〕托德·桑德勒：《评估公共产品的最佳供应：寻找圣杯》，载〔美〕英吉·考尔等编《全球化之道——全球公共产品的提供与管理》，张春波、高静译，人民出版社，2006，第 115 ~ 132 页。

自权数后等于由此带来公共产品总供给水平相应增加的部分。这些权数反映了一国所做单位贡献对某种公共产品总供给水平的边际效应，也就是说各国所做的单位贡献不再具有相同效果，彼此之间不再能够相互替代。这就为某些从供给公共产品过程中获得不成比例收益的国家带来了激励，提高了公共产品的供给意愿，缓解了供给不足问题。例如减少某一国的硫积淀物，他国行为对减少该国硫沉积物效果受风速、风向、排放源位置、距离等影响，即不同国家同样的行动带来的影响是不同的，这种情况适用于加权总和技术。[①] 这可以成为一种调整不同国家激励的手段，使得不同行为体在供给公共产品的时候可以获得不同比例的收益，则可以增加行为体的供给意愿和参与积极性。

笔者认为加权总和技术的思想可以拓展推广。一方面，加权总和技术可以使成本—收益分配更加公平公正，例如上述的例子，不同国家同样的贡献但收益不同，或者同样的贡献而各国需承担的成本不同，这时可根据权数或其他考量进行奖励、补偿等，使成本—收益分配更具包容性，如对于温室气体排放配额，发达国家与发展中国家不应一刀切，而应综合考虑各种因素，承担共同但有差别的责任。另一方面，加权总和技术思想可以应用于激励调整，如在某些产品供给或权力分配中，通过在权数设置上适当照顾某些国家，以激励其参与公共产品供给。

第三，最薄弱环节技术，指某一国家的最小贡献决定了国际公共产品的总供给水平。如在控制全球性传染疾病时，采取措施最少的国家决定了疾病控制的总水平。这种特点使得各国都要做出能够供应公共产品的最小贡献，而且当有贫穷国家不能独自负担这种贡

---

① 〔美〕托德·桑德勒：《评估公共产品的最佳供应：寻找圣杯》，载〔美〕英吉·考尔等编《全球化之道——全球公共产品的提供与管理》，张春波、高静译，人民出版社，2006，第115页。

献的成本时，富国也有动力去帮助他们分担，因为如果某一国家没有达到这一最小贡献，那么就会使国际社会都不能享有这种公共产品，这也就缓解了"搭便车"和供给不足的问题，但也增加了弱国从大国处获益的能力，这也可以被称作"战略讹诈"。

第四，较薄弱环节技术，其是最薄弱环节技术的一种次极端形式，最小贡献者对公共产品供给总体水平影响最大，第二小的贡献者次之，并且以此类推。如国际金融稳定的维护，金融市场最动荡的国家对此影响最大，动荡稍弱者次之，并以此类推。对于较薄弱环节技术，一国贡献略高于最小贡献者便可获得额外收益，这是激励国家提供公共产品的一面，但随着贡献额的提高，边际收益也会随之下降，这又是不利于公共产品供给的一面，所以这种供给技术往往使得公共产品可以有效供给或供给稍有不足。

第五，最优环节，与最薄弱环节相反，适用于该种技术的公共产品总供给水平由最大贡献者单独决定，其他贡献者不会对公共产品总供给水平造成影响。最优环节公共产品分为两种：一种是非连续性公共产品，即这种产品只有存在和不存在之分，如某一重大疾病的治疗方法，如果某国取得进展，其他国家都可从中受益；另一种是连续性公共产品，亦称可变量公共产品，即该种产品的供给水平是可变的且为最大供给量。非连续性产品往往可以得到有效供应，而连续性公共产品可能会供给不足，因为"搭便车"者众多，这时可以采用排他性策略，对使用者进行收费，如药品专利申请。

第六，较优环节技术，与较薄弱环节技术相反，最大贡献者对公共产品总供给水平影响最大，第二大者次之，并且以此类推。由于非最大贡献者的贡献有助于公共产品的供给，所以较优环节公共产品的供给者数量较多。同最优环节技术一样，其产品无论是有效供给还是供给不足，都取决于产品的排他性与非连续性。

第七，临界值技术，指国际公共产品的供给只有达到一个阈值之后才能享有其收益，为达到这一阈值，各国往往有较高激励，能缓解"搭便车"和供给不足问题，而大国领导有助于达到这一阈值。如国际维和行动，需要由各国投入一定数量资源后才能达到维和目标，如果有大国的领导则更有利于维和行动目标的达成。

（2）国际公共产品供给的激励

国内公共产品得以供给是因为政府的存在可以强制征税以提供如国防等公共产品，而不缴税的公民将受到严厉的惩罚。这种激励机制确保了公共产品的有效供给，而国际上情况与此不同，这就更需要对激励机制建设进行思考。

不同供给方式的公共产品背后有着不同的激励机制。第一，当产品为可自给和国际合作供给，国际公共产品往往是国家公共产品和国际合作的总和，所以有时国内公共产品和国际公共产品是可互相替代的，也就是说有自给和合作供给两种方式可以获得公共产品。当国际公共产品供给不足时，国家常常会选择自给产品，采用规避策略，而这往往会降低国际公共产品供给的热情，并且效率较低。第二，最优技术环节产品，这种产品的获得取决于贡献最大的国家，只由一个国家供给即可，如治疗某种疾病的药物，当一国研制出后，其他国家都可享用，但是制药成本很低，而研发成本很高，如果供给国的收益低于成本就会打击供给积极性，所以专利制度可以提供供给激励。但这有可能造成两种问题：其一在静态上是代际内的不公平，高定价使部分人买不起；其二是动态上的代际不公平，专利权受到藐视的话会使供给国失去研发的动力。第三，最薄弱环节产品，如消灭一种疾病，如果有一个国家不行动就会使产品得不到供给，只有所有国家一起行动才能达成，而这种疾病被消灭后带来的收益要远远大于付出的成本，所以这是一个一致博弈（Coordination Game），即每个国家都愿意做其他国家都在做的事情。第四，总和公共产品，由于每个国家的贡献都是可相互替代的，存在"囚徒困境"问题，每个国家都希望别国贡献更多，而各国也都清楚这种依赖他国的行为会使大家的情况更糟。[①]

由上可知，不同国家有着不同的利益，不同的国际公共产品又有着不同的性质，所以激励机制也因事而异，大致可归结为以下几种。第一，临界效应。如果有足够多的国家采取某一行动，新加入者就会有利可图，这就会吸引他国加入，或者足够多的国家都采取某一措施才能对各国都有利。第二，互惠。各国通过互惠策略来促成合作，但其效果一般，因为如果一国因背弃合作而受到惩罚，则施加惩罚国也会受到损失，进而削弱了背弃合作后所受惩罚的可置信性，所以说重点在于是否有可置信的惩罚措施。第三，转变博弈规则。这种方式可以分为两种。其一是通过某种途径如技术标准将潜在的"囚徒困境"转换成一致博弈，如在防范船只向海中倾倒油水混合物，最初是通过互惠策略直接禁止倾倒，但监督和惩罚问题使得达成的协议并不成功，船只在海上的行为处于监督盲区，并且作为互惠策略的惩罚，如有一方违反，其他各国也可倾倒，这同样损害大家。但是在《防止船舶污染国际协议》（MARPOL 协议）中，要求船舶安装独立压舱水桶及压舱油桶，这解决了监管问题，同时未安装的船只会被阻止在码头停靠，这也解决了惩罚问题。技术标准巧妙地转变了博弈规则，使公共产品得以有效供给。其二是将其嵌入更广泛的协定之中，如与贸易挂钩，改造博弈。例如在臭氧层保护方面，各国都有"搭便车"的倾向，如果未按要求减少排放破坏臭氧层的物质，则该国可获得生产某些产品的相对优势，而在《蒙特利尔议定书》中，将惩罚与贸易挂钩，参与方被禁止交易破坏臭氧层的物质及含有这些物质的商品，而没有参与的国家则会遭受

---

① 〔美〕斯科特·巴雷特：《为合作创造激励机制：战略选择》，载〔美〕英吉·考尔等编《全球化之道——全球公共产品的提供与管理》，张春波、高静译，人民出版社，2006，第 266 ~ 283 页。

损失，当然这需要足够多的参与方，也就是达到临界效应，总之这就使潜在的"囚徒困境"转变为一致博弈。再如印度等国接受关于知识产权协定的原因是为本国工业品以最惠国待遇进入发达国家。第四，正面激励。当国家之间存在不对称的时候，需要正面激励，保障每个参与者的利益。如在《蒙特利尔议定书》中区别了工业化国家和发展中国家，给予发展中国家更多的时间和成本补偿。中国—东盟自贸区建设中的"早期收获计划"也是一个正面激励的例子。[①]

（3）国际公共产品供给的主要困境

国际公共产品供给面临的问题基本和公共产品供给问题一致，即曼瑟尔·奥尔森所述的集体行动问题，具体来说即"搭便车"和"囚徒困境"问题，同时国际公共产品也因需要国际层面和国家内部层面的双重协商沟通，而更为难以协调达成，这可称为双层博弈问题。

第一，"搭便车"问题。正如前文所述，休谟在18世纪中期便叙述了"搭便车"现象，需要公众共同供给的公共产品往往很难得到有效供给，因为其中的个体倾向于使自己免于麻烦与成本的支付，将所有成本都交由他人承担。[②]奥尔森认为个体的私利使众多符合集体利益的公共产品难以得到有效供给，正是这种"搭便车"行为的存在，使集体行动很难成功。在参与者数量较少时，集体行动较容易达成，当参与者数量增多时，协商难度随之增大，通常也伴有平均收益下降，增加"搭便车"动机，这就使得集体行动不易成功。

第二，"囚徒困境"问题。博弈论中"囚徒困境"是指因缺乏信息沟通，囚徒间的合作不能达成。具体表述如下。两个嫌疑犯 A、B 分别被关在不同牢房内审讯，两人无法沟通协商，如果两人都拒绝认罪，两人将分别被判一年监禁，这种情况对两人来说是最优选

---

① 〔美〕斯科特·巴雷特：《为合作创造激励机制：战略选择》，载〔美〕英吉·考尔等编《全球化之道——全球公共产品的提供与管理》，张春波、高静译，人民出版社，2006，第266～283页。

② 〔美〕大卫·休谟：《人性论》，商务印书馆，1980。

择。如果其中一人认罪而另一人没有认罪，则认罪者将获得自由作为奖励，而拒不认罪者将被重判五年监禁。如果两人都认罪，两人将分别被判三年监禁，这对两人来说是次优选择。由于缺乏信息，理性的嫌疑犯将避免最坏的五年重判，而做出次优选择。现实中，军备竞赛便是典型的"囚徒困境"问题。

"囚徒困境"问题的特点是缺乏信息沟通协商机制，以至于互信缺失，使最优策略不能达成，个人理性导致集体非理性。哈丁（Garrett Hardin）提出的"公地悲剧"问题也类似于"囚徒困境"。牧羊人由于缺乏沟通协商、信息交流，理性、追求利益最大化的他们不得不放弃控制牧羊数量、保护草地可持续使用这一最优策略，他们只能选择次优策略，最大化其牧羊数量，增加自己的收益，但这势必造成草地因过度使用而被毁坏。① 当然，造成"公地悲剧"的原因与公共池塘资源的竞争性与非排他性的属性密切相关。再者，奥尔森提出的"公共物品和大集团"中企业增加产出的问题也类似于"囚徒困境"。在完全竞争产业中，所有企业的共同利益是维持商品的高价格，但是每个企业又都倾向于卖出更多的产品，而这又会造成产出增加，进而压低价格，在这方面每个企业的利益又是针锋相对的。每个企业都会预见到如果其他企业增加产量、压低价格而自己不这样做的话，自己受损更严重，正是由于缺乏有效的沟通协商，所有企业不能享有共同高价格利益，并且受损。②

第三，双层博弈问题。国际公共产品的供给需要各国政府在国际层面协商，同时也要得到国内各方的支持，也就是说政府要在国际和国内做好权衡才能使公共产品得到供给，这种情况被普特南

---

① Hardin, G., "The Tragedy of the Commons," *Science*, Vol. 162 (3859), 1968, p. 1243。此处该学者与诺贝尔经济学奖获得者奥斯特罗姆观点一致，将"公地悲剧"归入"囚徒困境"，当然这种观点是存在争议的。

② 〔美〕曼瑟尔·奥尔森：《集体行动的逻辑》，陈郁等译，格致出版社，1995。

（Putnam）称为双层博弈。① 这样就使得谈判方数量、受益者数量成倍增加，加剧不确定性，使"搭便车"和"囚徒困境"问题更加突出。

三 从国际公共产品到国际金融公共产品：概念、类型与供给

（一）国际金融公共产品的概念

这里我们借鉴国际公共产品的定义，将国际金融公共产品定义为国际金融领域的国际公共产品，其收益可以惠及所有国家、社会经济群体和世代。当然这种纯国际金融公共产品的存在也极少，更多的是条件有所放松的非纯国际金融公共产品。本书使用的国际金融公共产品包括纯国际金融公共产品和非纯国际金融公共产品。同样，国际金融公共产品的属性延续了国际公共产品的非竞争性与非排他性。

国际金融公共产品既包括通过货币金融手段达成国际金融或其他领域的目标，如通过短期贷款援助调节国际收支失衡或者通过融资来援助其他国家的基础设施建设，也包括通过非货币金融方式来促成国际金融领域目标，如通过国际会议协调国际货币政策等。

（二）国际金融公共产品的类型

对于国际金融公共产品的类型，我们在借鉴国际公共产品的分类方法基础之上，大致从以下几个方面进行分类。

（1）按地理范围划分

国际金融公共产品按地理范围的大小同样可以划分为全球金融公共产品、区域金融公共产品和双边金融公共产品。

---

① 双层博弈论述可参见以下文献：Putnam，R. D.，"Diplomacy and Domestic Politics：The Logic of Two-Level Games," *International Organization*，Vol. 42（3），1988，pp. 427 – 460。

第一，全球金融公共产品，正如前文所述的国际金融公共产品的定义，是惠及所有国家、社会经济群体和世代的产品。与全球公共产品类似，全球金融公共产品同样可以放松后两个标准，即全球金融公共产品既可以是纯国际金融公共产品，也可以是非纯国际金融公共产品，而当放松关于惠及所有国家这一标准时，我们就可以得到区域金融公共产品或双边金融公共产品，也就是说区域和双边金融公共产品一定是非纯国际金融公共产品。如国际金融稳定、国际金融效率、国际货币基金组织、世界银行等都属于全球金融公共产品。这种全球金融公共产品由于涉及国家众多，容易陷入"集体行动的逻辑"陷阱，不易协调行动，一般需有强国进行领导，才能得到有效供给，也正如金德尔伯格和吉尔平等人所谓的霸权稳定论。

第二，区域金融公共产品相较全球金融公共产品涵盖范围较小，各国所得收益与承担成本较为明晰，可以避免全球金融公共产品供给中的"搭便车"问题。同样，区域金融公共产品能够更直接地反映该地区各国的不同需求，使区域金融公共产品的供给及其机制、制度更符合该地区的需求，这也是全球金融公共产品的一种补充。与一般区域合作有所不同的是，其他区域合作中一般不存在具有压倒性优势的国家，进而区域金融公共产品不易被某大国"私有化"，小国也可担当领导者角色。但由于区域合作中存在相对独立的货币政治逻辑，区域货币金融合作仍要由大国主导，例如在东亚地区主义中，政治和军事等领域的合作由东盟主导推动，形成了"小马拉大车"的局面，但是在东亚货币合作中，东盟未能占据主导地位，而握有大量货币金融资源的中日成为重要领导力量。可见，区域金融公共产品也同全球金融公共产品一样，需要有强国领导合作提供，同样也容易被强国"私有化"。如区域金融稳定、区域外汇储备库、地区发展银行、区域经济监督机构等都属于区域金融公共产品。

第三，双边金融公共产品，顾名思义，即两国合作提供的国际金融公共产品，可由多个双边协议组成，根据双边协议网络覆盖范围可发挥区域乃至全球金融公共产品的作用。该产品进一步突出了区域金融公共产品的特点，更具针对性，并且这种公共产品相较于多边的委托－代理组织更具排他性，能够通过投入有限的资源更精准地提供公共产品以此来维护自身利益，不过合法性有所下降。如双边货币互换协议就是一种双边金融公共产品。

（2）按非竞争性与非排他性原则划分

正如前文国际公共产品的划分，与此类似，可将国际金融公共产品划分为纯国际金融公共产品、非纯国际金融公共产品，而非纯国际金融公共产品又可细分出两种特殊的产品，即俱乐部产品和联产品。这与国际公共产品稍有不同，国际金融公共产品不存在公共池塘资源，因为国际金融公共产品基本都是人为生成的，不能做到像自然公共产品那样具有非竞争性及非排他性。此外，同样，竞争性会刺激一些国家的独立行为，而排他性则会提高国家供给国际金融公共产品的意愿。

第一，纯国际金融公共产品，即拥有完全非竞争性和非排他性的产品，指某一国对该产品的消费并不会减少其他国家对这一相同单位产品的消费机会，同时该产品也不能将未支付成本者排除在享用收益范围之外，而这同样带来了"搭便车"与偏好显示的问题。一般纯国际金融公共产品包括国际金融稳定、国际金融效率等。

第二，非纯国际金融公共产品，即放松了完全非竞争性和非排他性标准，该产品可以部分具有竞争性或部分具有排他性，再或者兼具两者，大部分国际金融公共产品都属于这一类别。往往这种产品在消费时，一个消费者的使用会影响其他消费者的消费数量和质量，带来"拥挤成本"，也就是说，新增消费者对该产品使用带来的边际成本不为零。如果进一步细分非纯国际金融公共产品，又可以划分出俱乐部产品和联产品。

其中，俱乐部产品，即具有部分竞争性和排他性的产品。当俱乐部产品在成员较少时是非竞争性的，当成员增多时，会产生"拥挤效应"，产品就由非竞争变为部分竞争。如区域外汇储备库就是一种俱乐部产品。

联产品是指在供给某一国际金融公共产品时，同时产生两种或两种以上的产品，这些产品在公共性上可以不同。这种联产品在国际金融公共产品供给中非常普遍，而且占据重要地位，其一般给供给国带来政治影响力，这种影响力包括自主权和影响权两个方面，即不受他国影响和影响他国的能力，这就使供给更具权力竞争性。[①] 这种收益往往带有排他性，也就是说没有负担成本的国家是不能享有的。例如在 1997 年东亚金融危机中，中国政府维持人民币不贬值，这有助于区域货币稳定，另外也给中国带来了负责任大国的赞誉，后一种便是联产品，也是一种政治软权力。再如以美国为主导的 IMF，一方面国际金融稳定是其带来的国际金融公共产品，另一方面美国由此获得对国际金融体系的掌控也是一种联产品。

（3）按国际金融公共产品的功能划分

存在众多国际金融公共产品，它们的功能大致可分为以下几类。

第一，条件型国际金融公共产品，这种产品是一种各国所处的背景条件，直接对各国造成影响，但它对于各国产生的效用不一定相同。如国际金融稳定和国际金融效率等。

第二，稳定型国际金融公共产品，这种国际金融公共产品的主要目标是维护国际金融稳定，在危机时作为最后贷款人、稳定的货币锚、国际货币政策协调等。如 IMF、清迈倡议多边化（CMIM）、双边货币互换协议、稳定的国际货币等都属于这种稳定型国际金融

---

① Benjamin, J. Cohen, "Currency and State Power," in Martha Finnemore and Judith Goldstein, eds., *Back to Basics: State Power in a Contemporary World*, NY: Oxford University Press, 2013.

公共产品。

第三，效率型国际金融公共产品，这种国际金融公共产品主要是为增加国际金融效率，降低中介成本，提高资金配置效率，使发展中国家能够更好地享有经济增长和发展所需的资金。如世界银行、亚洲开发银行、亚洲基础设施投资银行、金砖银行等都属于这种效率型国际金融公共产品。同时，维护与促进贸易投资增长、交易支付便利等也是效率型国际金融公共产品的目标，如 IMF 建立之初重建多边贸易也是其重要目标，IMF 主要负责解决贸易中的货币障碍，如第九条款在无 IMF 允许前，成员国不得限制经常账户支付交易。货币按官方汇率兑换，禁止成员国采用歧视性货币安排。按第十四条款，成员国需在五年内基本解除贸易相关的货币管制。

第四，沟通型国际金融公共产品，其主要功能在于为各国就国际金融问题提供沟通交流、政策协调的平台，其所达成共识虽并不具备约束力，但可减少各国间信息不对称情况，有助于合作达成，其倡议一般通过稳定型、效率型和激励型国际金融公共产品实现。如 G20 就是一种沟通型国际金融公共产品。

第五，激励型国际金融公共产品，是指一些国际金融标准，它们旨在增强各国金融稳定、金融效率，进而增强国际金融稳定和效率，它们本身并不直接充当最后贷款人或提供资金融通，而是依靠标准化来规范各国国内和国际金融环境，如《巴塞尔协议》等都属于此类激励型国际金融公共产品。之所以将这种产品冠以激励型，是因为通过技术标准手段实现了对各国金融稳定和效率的监管，而未能达标的国家则会被排除在某些产品之外。正如前文中探讨国际公共产品供给激励那样，这种国际金融公共产品同样改造了纯国际金融公共产品供给的博弈规则，减弱了"搭便车"和"囚徒困境"情况，有助于产品的供给，所以称这种技术标准型的国际金融公共产品为激励型。

（4）按国际金融公共产品的生产循环阶段划分

我们借鉴国际公共产品的划分标准，同样将国际金融公共产品分为最终阶段的国际金融公共产品和中间阶段的国际金融公共产品。其中，最终阶段的国际金融公共产品是指可以直接使用的产品，类似于背景条件，如国际金融稳定、国际金融效率等；中间阶段的国际金融公共产品是指为生产最终阶段国际金融公共产品而投入的产品，它们往往带有工具性特征，如 IMF、世界银行、地区发展银行、区域外汇储备库、国际金融知识理念等。此外，国家金融公共产品也可以成为国际金融公共产品的一部分，如一国维护国内金融稳定，避免该国带来的金融动荡传染性，也就成为维护国际金融稳定的一部分。从生产循环角度可以看出，国际金融公共产品是由国际金融合作与国家金融公共产品聚合而成的。

（三）国际金融公共产品的供给

（1）国际金融公共产品供给的激励

国际金融公共产品一般由强国供给，并且它的供给激励与国际公共产品有所不同。不同的国家或一个国家不同的阶段倾向于不同类型的国际金融公共产品，聚合技术提供的激励因素让位于国际金融权力结构因素，所以这就需要我们对国际金融公共产品供给的激励进行再思考。

国际金融公共产品供给中的联产品激励。国际金融公共产品供给往往会给该国带来联产品——国际政治影响力，这种影响力包括自主权和影响权两个方面，即不受他国影响和影响他国的能力，这就使供给更具权力竞争性。[①] 国际公共产品按照非竞争性与非排他性

---

① Benjamin, J. Cohen, "Currency and State Power," in Martha Finnemore and Judith Goldstein, eds. , *Back to Basics*: *State Power in a Contemporary World*, NY: Oxford University Press, 2013.

原则划分，可以分为纯国际公共产品和非纯国际公共产品，此外还有一种联产品，其较为特殊，是指在供给某一国际公共产品时，同时产生两种或两种以上的产品，这些产品在公共性上可以不同，其可以是纯国际公共产品、非纯国际公共产品或私人产品。[①] 这种联产品在更具权力属性的国际金融公共产品供给中尤为突出，其一般为供给国带来只能该国享有的私人产品（国际政治影响力），这种收益具有排他性，而其他没有负担成本的国家则不能通过"搭便车"来得到，联产品的存在是国际金融公共产品权力性的外部反映，也使国际金融公共产品供给相较其他国际公共产品供给更具权力竞争性。例如以美国为主导的国际货币基金组织，一方面国际金融稳定是它带来的国际金融公共产品，另一方面美国由此获得对国际金融体系的某种掌控便是一种联产品。

国际金融权力结构激励。国际金融公共产品一般由大国供给，而这些公共产品往往都是扶助小国，大国虽也可从中获利，但其边际收益是递减的，而其增量供给更多的是取决于由此获得的联产品，但是大国可以通过国际机制锁定这种政治影响力，所以其供给激励就减弱了，这时国际金融权力结构就成了大国国际金融公共产品供给激励的重要影响因素。当国际金融权力结构为单极时，没有其他国家能与霸权国竞争或制约，所以此时霸权国的供给意愿是最弱的，它倾向于滥用其已获得的联产品（国际政治影响力），并且为了保持对联产品的享有，它也会打压潜在国际金融公共产品供给的竞争国。当国际金融权力结构为两极或多极时，由于各大国之间存在竞争与制约，所以大国供给国际金融公共产品的意愿增强，并且会克制使用由此获得的国际政治影响力。简单来说，霸权国倾向于获得联产

---

① Kaul, I., Conceicao, P., Goulven, K. L., et al., *Providing Global Public Goods*, Oxford, Oxford University Press, 2003.

品中的影响权，其他国家倾向于获得联产品中的自主权。

大国自身实力变化的激励。当大国自身实力发生变化时，这也会促使其改变国际金融公共产品的供给行为。正常情况下霸权国注重绝对收益与全球金融体系治理的合法性，其倾向于通过委托－代理型的国际组织来供给国际金融公共产品，而当霸权国实力下降，其开始关注相对收益，这时其倾向于通过双边协议网络来供给国际金融公共产品，因为双边协议可增加排他性，使国际金融公共产品实现精细化的配置，集中向符合自身利益需要的国家供给国际金融公共产品，利用有限的资源巩固霸权国内—国际政治基础。例如美国作为最后贷款人维护国际金融稳定，在日常阶段美国选择通过IMF 作为最后贷款人，但当美国处于全球性金融危机时，它会选择通过双边货币互换网络来充当最后贷款人，使美联储将有限的资源用于救助美国金融利益和战略价值覆盖的国家。①

总而言之，联产品为国际金融公共产品供给国所带来的显著收益使国际金融公共产品供给更具权力竞争性，而国际金融权力结构和大国实力变化又影响着国际金融公共产品的供给与其中的权力竞争性。

此外，同国际公共产品一样，国际金融公共产品供给的激励机制也包括以下几种。第一，临界效应，即网络外部性。如果有足够多的国家采取某一行动，新加入者就会有利可图，就会吸引他国加入，或者足够多的国家都采取某一措施才能对各国都有利。如环球同业银行金融电讯协会（SWIFT）等便捷性的技术标准网络、国际货币流通域越广越有吸引力等。第二，互惠，即通过互惠策略来促成合作，但其效果一般。因为如果一国因背弃合作而受到惩罚，则

---

① 刘玮、邱晨曦：《霸权利益与国际公共产品供给形式的转换——美联储货币互换协定兴起的政治逻辑》，《国际政治研究》2015 年第 3 期。

施加惩罚国也会受到损失，这就削弱了背弃合作后所受惩罚的可置信性，所以说重点在于是否有可置信的惩罚措施。第三，转变博弈规则。这种方式可以分为两种。其一是通过某种途径如技术标准将潜在的"囚徒困境"转换成一致博弈，如众多国际金融监管性技术标准。其二是将其嵌入更广泛的协定之中，如与贸易挂钩，改造博弈。例如共同维护国际货币体系稳定，对于操纵汇率国家进行贸易制裁。第四，正面激励。当国家之间存在不对称的时候，需要正面激励，保障每个参与者的利益。[①] 如在清迈倡议多边化（CMIM）中，中日给予东南亚国家更高的可获救助资金权数，鼓励其参与。

（2）国际金融公共产品供给的主要困境

国际金融公共产品供给面临的问题与国际公共产品供给困境有所不同。虽然国际金融公共产品也受制于曼瑟尔·奥尔森所述的集体行动问题，但"搭便车"问题被极大地弱化了，因为一国在供给国际金融公共产品时会获得政治影响力作为联产品，也就是说国际金融公共产品供给的覆盖范围往往伴随着供给国政治影响力的拓展，同时国际金融公共产品很重要的功能就是扶助弱国。此外国际金融公共产品的主要供给国需要有强大的国际金融实力，所以"搭便车"不再是困扰国际金融公共产品的重要问题。由以上可知，国际金融公共产品供给面临不同于国际公共产品供给的困境，本部分对此进行了重新思考。

第一，强国规避困境。国际金融公共产品往往是由大国主导提供的，小国基本属于"搭便车"者，这时大国的供给意愿就极为重要了，但大国有时会倾向于采取前文提到过的规避行为，即他们可以依靠自身财力来自已提供某些公共产品，也可以此免受公共劣品的困扰，这样就削弱了大国供给国际金融公共产品的动力。

---

① 〔美〕斯科特·巴雷特：《为合作创造激励机制：战略选择》，载〔美〕英吉·考尔等编《全球化之道——全球公共产品的提供与管理》，张春波、高静译，人民出版社，2006，第266~283页。

　　第二，国际金融权力结构困境。当国际金融权力结构呈现一极结构时，这时的霸权国不受其他国家的竞争与制约，所以它倾向于减少国际金融公共产品供给，并滥用由国际金融公共产品供给中带来的联产品——政治影响力。

　　第三，"囚徒困境"问题。与国际公共产品供给问题类似，"囚徒困境"问题同样困扰着供给国际金融公共产品的国家，缺乏信息沟通协商机制，以至于互信缺失，使最优策略不能达成，个人理性导致集体非理性。

　　第四，双层博弈问题。国际金融公共产品供给同样需要各国政府在国际层面协商，同时也要得到国内各方的支持，也就是说政府要在国际和国内做好权衡才能使国际金融公共产品得到供给。这样就使得谈判方数量、受益者数量成倍增加，加剧不确定性。

　　（3）供给的组织形式

　　国际金融公共产品往往通过单边供给和双边或多边国际协议形式得到供给。其中，国际协议包括非正式国际协议与正式国际协议，前者一般包括默契、口头协议、行政规定、非约束性条件、联合声明、最后公报、商定记录、谅解备忘录和准立法协议等，后者指国际条约，需经国内立法机构批准，具有正式的国际法地位。在国际金融公共产品供给的过程中国际协议通常是由国际会议机制和委托－代理国际组织促成的。国际金融公共产品具体供给组织形式如下。

　　第一，领导国单边供给，即由领导国自己单独提供，如提供国际货币。一方面其用来承担国际货币的三大职能，促进国际贸易与支付交易，提升国际金融效率；另一方面稳定的币值有助于国际金融稳定，同样也有利于国际贸易的发展。

　　第二，论坛沟通形式，即通过多国国际会议形式来促进国际金融领域相关协议的达成，或者督促委托－代理国际组织进行改革与提供国际金融公共产品。如七国集团，这是一种非正式的会晤机制，没有常设秘书处，成员国领导人通过论坛来增进了解，就各自国内外政治经济问题与偏好进行沟通交流，促进共识的达成。如七国集团早期的五国财政秘密会晤机制就在 1985 年 9 月促成了"有管理的浮动汇率安排"协议，即"广场协议"。同时由于七国在世界经济中的重要地位以及在国际金融组织中的绝对影响力，它们也可以推动国际金融组织改革及供给国际金融公共产品。如在 1995 年的哈利伐克斯峰会上，七国集团就敦促国际组织要更集中关注各自的任务，避免组织间功能的重叠，并支持建立新的国际组织，并在 1996 年里昂峰会前七国领导人同 IMF、WB、WTO、UN 等国际组织的行政长官举行工作午餐会议，对这些组织落实哈利伐克斯峰会改革方案表示欢迎与赞赏，同时在峰会上进一步对这些国际组织给予了直接指导。这种论坛本身就其功能来说也被视为一种国际金融公共产品，即沟通型国际金融公共产品。

第三，委托－代理国际金融组织供给，指经成员国授权执行全球金融治理的机构。如国际清算银行（BIS）的巴塞尔委员会于 1988 年推出《巴塞尔资本协议》以维护国际银行安全与公平竞争。此外，作为代理人的国际金融组织在专业技术、相关知识和项目运行方面较委托国有着较大优势，从而会出现"代理人丢失"现象，即委托国对国际金融组织失去控制。[①] 而实现对委托－代理国际金融组织控制的最好时机是创始时期，创始国通过对国际金融组织的初始设计以维护自身利益偏好，实现对该组织的控制，而后加入者因没有参与初始设计过程，则很难保证该组织不偏离其利益偏好。这种委托－代理国际金融组织本身也是一种国际金融公共产品。

（4）供给技术

同样借鉴国际公共产品的供给技术来认识国际金融公共产品的

---

① 庞珣、何枻焜：《霸权与制度：美国如何操控地区开发银行》，《世界经济与政治》2015年第 9 期。

供给技术，在前文基础之上，笔者将聚合技术分为以下几种。

第一，总和技术，同样是指每一国为国际金融公共产品所做的贡献等于由此带来国际金融公共产品供给总水平相应增加的部分，也就是说每个国家所做的单位贡献具有相同效果，它们相互之间可以完全替代。货币金融领域特殊的政治逻辑，使在国际公共产品供给中的"搭便车"问题不再重要，由于大国可以通过供给公共产品来对他国施加政治影响，所以大国欢迎弱国"搭便车"，供给是否充足往往由大国意愿决定，而这又与国际金融权力结构有关。如在一极下，大国倾向于弱化供给公共产品，甚至滥用由此带来的政治影响力，而在两极或多极结构下，由于竞争压力，大国倾向于积极供给公共产品，并且克制使用由此带来的政治影响力。例如为应对流动性危机由各国出资建立的危机救助机制等就属于总和技术。

第二，加权总和技术，即每一国为国际金融公共产品所做的贡献乘以各自权数后等于由此带来国际金融公共产品总供给水平相应增加的部分。这些权数反映了一国所做单位贡献对某种国际金融公共产品总供给水平的边际效应，也就是说各国所做的单位贡献不再具有相同效果，彼此之间不再能够相互替代，这就为某些可以从供给公共产品过程中获得不成比例收益的国家带来激励，这就增加了其公共产品的供给意愿，缓解供给不足问题。例如各国由于自身经济规模、金融开放度、贸易规模等不同，由自身金融稳定或金融效率提高带给国际金融稳定和效率的提高是有着不同边际贡献的，而大国相较于小国往往能从纯国际金融公共产品中获得更多收益。

同样加权总和技术的思想可以在国际金融公共产品供给中拓展推广，不过与国际公共产品不同，这种思想应用在国际金融公共产品供给中更多的是用来鼓励小国的参与，主要是用于激励调整，在某些产品供给或权力分配中，通过在权数设置上适当照顾某些国家，以激励其参与公共产品供给。如在清迈倡议多边化中，给予了东南亚国家更多的权数，鼓励东南亚国家的参与。

第三，较薄弱环节技术，同国际公共产品供给类似，最小贡献者对国际金融公共产品供给总体水平影响最大，第二小的贡献者次之，并且以此类推。如国际金融稳定的维护，金融市场最动荡的国家对此影响最大，动荡稍弱者次之，并以此类推，当然由前文可知，这同样是一种加权总和技术产品，所以这里考虑的是加权之后的动荡影响。对于较薄弱环节技术，一国贡献略高于最小贡献者便可获得额外收益，这是激励国家提供公共产品的一面，如一国金融市场比另一国金融市场稳定，则资金倾向于流向稳定的国家。有时大国会通过系统紊乱的方式来获得相对收益，即大国主动造成国际金融市场动荡，其自身受损，但其他国家可能受损更严重，于是大国便可从中获得相对收益。①

第四，较优环节技术，与较薄弱环节技术相反，最大贡献者对国际金融公共产品总供给水平影响最大，第二大者次之，并且以此类推。由于非最大贡献者的贡献有助于国际金融公共产品的供给，所以较优环节国际金融公共产品的供给者数量较多。如各国通过世界银行、亚开行、亚投行等为发展中国家提供资金融资以促进经济发展，其中融资额多、融资成本低的为国际金融效率提高的贡献最大，其后者次之，以此类推。

第五，临界值技术，指国际金融公共产品的供给只有在达到一个阈值之后才能享有其收益，为达到这一阈值，各国往往有较高激励，能缓解"搭便车"和供给不足问题，而大国领导有助于达到这一阈值。如东亚外汇储备库的建设，对于危机救助机制，其可动用的资金储备达到一定金额时才能在危机时发挥关键作用，而在面对2008年全球金融危机时，韩国等国家并未使用清迈倡议资金，而是

① 〔美〕乔纳森·科什纳：《货币与强制：国际货币权力的政治经济学》，李巍译，上海人民出版社，2013。

转向美联储求助，这说明东亚危机救助机制资金没有达到临界值。当然在中日推动下，为达到这一临界值，清迈倡议多边化（CMIM）资金从 2008 年的 800 亿美元已上升至当前的 2400 亿美元，并且与 IMF 挂钩的比例继续下降，可以预见，未来 CMIM 的资金额会继续扩大，直到足以抵御区域金融危机。

从这部分国际金融公共产品供给的聚合技术可以看到，与国际公共产品供给的聚合技术有所区别。国际金融公共产品不存在最优和最弱技术环节产品，并且更为重要的是在考虑供给状况时，国际金融权力结构的作用要大于技术环节特点所带来的作用，更多时候一种国际金融公共产品是否有效供给，要看国际金融权力结构，一极下国际金融公共产品倾向于供给不足，而两极或多极下，国际金融公共产品往往会得到有效供给。

第二节　国际金融公共产品与全球金融体系治理：本书分析的理论框架

一　国际金融公共产品的划分

前文分别从地理范围、非竞争性与非排他性原则、功能及生产循环阶段四个角度来对国际金融公共产品进行了分类，每一种分类都有其各自的价值，都揭示出国际金融公共产品的不同特性，当然这些分类也并不互相排斥，国际金融公共产品可在不同分类中重复出现。以地理范围来划分强调了国际金融公共产品的需求与供给层次，区域层次往往是全球层次的一种补充，这是一种纵向划分；以非竞争性与非排他性原则划分强调了国际金融公共产品所具有的公共性特征，这种公共性是蕴含于所有产品之中的，往往也是判断一种产品是不是公共产品的标准，这是一种横向的划分；以功能来划分强调了国际金融公共产品的工具性作用，不同的产品有着不同的作用，这也是一种横向的划分；以生产循环阶段划分强调了国际金融公共产品供给的目的性，中间阶段产品为最终阶段产品服务，而最终阶段产品是全球金融治理的最终目标，这是一种纵向划分。从以上可以发现，这四种分类方式可以归为纵向划分和横向划分，纵向划分有助于立体地从宏观上对国际金融公共产品体系进行深入了解，而横向划分则有利于从微观上了解国际金融公共产品的个体特性。如表2-1所示，可从地理范围和生产循环阶段两个角度来将上述四种划分方式进行整合，以便更直观和更全面地认识国际金融公共产品。

表 2 - 1　四种划分方式的整合

		按地理范围划分	
		全球层面	区域层面
按生产循环阶段划分	最终阶段	按非竞争性与非排他性原则、功能划分的国际金融公共产品	
	中间阶段		

二　全球金融体系治理的内涵：国际金融公共产品构成

全球金融治理是通过国际金融公共产品供给实现的，所以国际金融公共产品体系也是全球金融治理体系。这种从国际金融公共产品供给来考察全球金融治理的视角可以动态、连续、系统地勾勒出全球金融体系治理的变革。那么自布雷顿森林体系以来，全球金融体系治理由哪些国际金融公共产品供给来实现呢？我们可以根据表2-1来回答这个问题。

首先，全球金融治理的目标与工具。目标是实现最终阶段国际金融公共产品的供给，即国际金融稳定与效率，这是无形的，而工具是中间阶段国际金融公共产品，它们是实现这一目标的手段，是有形的。我们描述的构成主要是指中间阶段的国际金融公共产品，它们由不同功能的国际金融公共产品组成。其次，全球金融治理的层次。我们按照地理范围来描述国际金融公共产品的构成，可以具体分为全球层面和区域层面。再次，在全球层面和区域层面可分别进一步按功能细化国际金融公共产品的构成，不过为使描述更简洁，这里不再进一步细化。同时由于大部分产品属于非纯国际金融公共产品，再者其他三种属于按经验分类，而非竞争性与非排他性原则是从概念上进行的划分，所以此处只考虑生产循环阶段、地理范围两种划分方式。最后，全球金融体系治理下国际金融公共产品的构成可如表2-2所示，将国际金融公共产品体系分为全球和区域两个层面，再分别从国际金融稳定和效率两个方面来看国际金融公共产品的构成，第三列是侧重于国际金融稳定或效率的公共产品，第四列是主要为成员国沟通交流信息、增进共识的论坛，论坛上所达成的共识往往会作用于国际金融稳定或效率。

总之，全球金融体系治理的内容是世界各国为实现国际金融稳定和效率的目标，在全球层面和区域层面供给各种不同功能的国际金融公共产品的实践。

表2-2 全球金融体系治理下的国际金融公共产品构成

层　次	目　标	工　具	
全球层面	国际金融稳定	IMF、BIS、全球双边货币互换网络、金融稳定理事会、《巴塞尔协议》等	七国集团、二十国集团等
	国际金融效率	美元、世界银行、金砖国家新开发银行、国际会计准则、SWIFT等	
区域层面	国际金融稳定	区域双边货币互换、欧洲稳定机制（ESM）、清迈倡议多边化（CMIM）、阿拉伯货币基金组织等	区域性机制如"10+3"、海湾阿拉伯国家合作委员会等
	国际金融效率	区域性开发银行如亚洲开发银行、欧洲复兴开发银行、非洲开发银行、美洲开发银行、欧洲投资银行、亚洲基础设施投资银行、丝路基金等	

三 全球金融体系治理变革的2×2分析模式

从上文可知，我们可以通过生产循环阶段和地理范围这两种纵向分类方式来从宏观上认识国际金融公共产品体系，也就是说我们可以运用这个视角来作为分析全球金融体系治理变革的框架。而其中的行为激励是联产品激励、国际金融权力结构激励和大国实力变化激励。

国际金融稳定和效率是最终阶段的国际金融公共产品，也就是全球金融治理的目标，两者相辅相成，没有国际金融稳定也就不可能得到国际金融效率，同样没有国际金融效率，国际金融稳定也就失去了价值。国际金融稳定，即能够有效调节国际收支失衡、稳定国际汇率体系、提供国际流动性支持。国际金融效率，一方面是指促进国际贸易、投资发展与国际交易支付便利；另一方面是指以较低的中介成本实现国际资金资源的优化配置，使需求国获得稀缺的资金以促进本国的经济发展，当然也可用以弥补自身的流动性不足，不过这里的效率只考虑前者，而将后者纳入国际金融稳定来考虑，也就是说国际金融效率主要是考虑经济发展问题。这里的效率又可分为两点：其一是在国际资金融通的过程中是否具有效率，即在吸收和配置资金时的效率；其二是指在实现国际资金配置后对一国经济发展的影响是否具有效率性，即引导资金进入的项目是否有效促进该国的经济发展。

区域层面与全球层面是国际金融公共产品供给的两个层面，由于全球金融公共产品"原罪"的存在，区域金融公共产品的出现是对它的补充，也是对全球金融体系治理的完善与变革，同时这也是植根于对联产品的竞争。第一，全球金融公共产品的"原罪"。全球金融公共产品起源于西方国家的供给，这也就造成当前西方国家在全球金融体系治理下在全球层面具有主导性，如英国主导下的国际金本位制与美国主导下的布雷顿森林体系，在该体系下的国际金融公共产品如 IMF、WB、BIS 等最初都是聚焦于西方货币金融事务，由于那时西方国家在世界政治经济发展中占据绝对优势地位，所以它们也就成为名义上的全球金融公共产品。随着后来 20 世纪六七十年代原殖民地国家纷纷独立、非西方国家经济的发展，它们顺理成章地成为事实上的全球金融公共产品。这就给上述全球公共产品带来两个问题：其一是全球金融公共产品的供给与非西方国家的需求可能并不匹配，这也可表现在提供产品时的附加条件上；其二是由于在供给国际金融公共产品过程中会获得联产品（国际政治影响力），所以西方国家也不愿意放弃主导权进而拖延相关全球金融治理机构的改革进程，此外加上全球金融公共产品供给困境的存在，这种全球公共产品本身就供给不足，所以这就构成了全球金融公共产品的"原罪"，为区域金融公共产品的出现埋下种子。第二，由于全球金融公共产品"原罪"的存在，区域金融公共产品的出现具有必然性。其一，由于非主导国家的实力落后于主导国，在变革全球金融体系治理困难的情况下，通过区域金融公共产品对全球层面进行补充是理想的选择。其二，区域金融公共产品一般由本区域国家供给，通常可以提供更符合区域内各国经济、政治需要的产品，满足基本需求与多元化的需求。其三，行为体相对较少且具有相似的历史文化背景，这使它们更易达成共识与进行充分的信息沟通，所以区域金融公共产品可在一定程度上克服奥尔森所谓的"集体行动的逻辑"困境。当然，主导国仍会对具有重要战略利益的区域金融公共产品施加控制。总的来说，全球金融体系治理存在"原罪"，区域金融公共产品的出现具有必然性，是对全球金融公共产品的补充与完善，更是对全球金融体系治理变革的开始。

综上所述，通过国际金融稳定与效率、区域与全球的 2×2 分析模式可以较为完整地考察全球金融体系治理变革，所以我们将在后文中运用此分析模式。同时，基于理论基础中国际金融公共产品供给激励部分分析，国际金融公共产品中联产品的突出位置可使供给国获得自主权和影响权，因此在供给过程中更具权力竞争性，而国际实力结构和国家实力的变化反过来又影响一国的供给行为。

第三章

全球金融体系治理下国际
金融公共产品的历史演进

从理论上对国际金融公共产品进行认识之后,本部分将回顾历史中的国际金融公共产品。由于路径依赖的存在,全球金融体系治理的发展有着深深的历史烙印,了解国际金融公共产品在历史中的演变,有助于把握当前全球金融体系治理的现状与未来变革。

第一节　前布雷顿森林体系时代的国际
金融公共产品:萌芽

所谓前布雷顿森林体系时代,本书是指 1717 年至布雷顿森林体系建立这一段时间,更进一步地,我们再将这一期间以 1913 年为界,分为一战前和两次世界大战之间这两个时间段。这一时期是商品货币主导的时代,与当前信用货币时代不同,那这一时期的国际金融公共产品又是怎样的呢?

一　一战前的国际金融公共产品供给

(一) 国际金融效率:黄金与白银的国际货币之争

如前文理论部分所述,国际金融效率是最终阶段的国际金融公共产品，国际货币是中间阶段的国际金融公共产品。在商品货币时代，通用的国际货币仍然对提高国际金融效率有着重要作用，这时的货币之争表现为金银之争。在这一时期，金本位制、银本位制和金银复本位制并存，最终金本位制占据优势。之所以以1717年为起点，是因为英国的金本位制最早可追溯到这一年，英国也是最早采用金本位制的国家。时任铸币厂厂长的艾萨克·牛顿（Issac Newton）本想保持银本位制，但他将黄金兑换白银的价格定得过低，造成黄金价格的高估和白银价格的低估，在市场机制自发下，人们将白银拿到国外兑换成黄金，再将黄金在英国兑换成白银，如巴西生产的黄金就被大量运往英国，如此往复进行套利，使得英国所有残损银币几乎从流通中消失，于是英国不得不改为金本位制，将黄金作为基础货币，这是一个偶然。更为准确地说，英国1774年废除白银在超过25英镑交易中的法偿地位后开始有效转向金本位制，继而在1821年废除了白银在小额交易中的法偿地位。而此时其他国家仍在实行金银复本位制或银本位制，于是三种货币本位制并存于世。不过实行金银复本位制的国家如法国等，经常受黄金或白银因储量倍增而造成价格波动的困扰，黄金或白银相应反复流入、流出法国，如此反复的冲击增加了人们对金银复本位制的不满。但金本位制与银本位制的并存以及多数国家的采用使金银复本位制仍得以延续，因为保持与其他国家同样的国际货币安排能带来简化交易、便于从国外借款等诸多好处。

英国的强大使金本位制成为各国通用的国际货币安排。在第一次工业革命中，英国成为世界政治经济中的头号强国，并获得"世界工厂"的美名，是世界经济的主导性力量。此时的英国已是世界各国原材料输送的目的地以及各国融资的主要来源国。同时，在这一时期由于工业革命降低了运输成本，并且伴随着关税削减，国际贸易得到空前发展。正是在这种情况下，各国为方便与英国进行国际贸易和融资，于是开始转向金本位制。其中，德国是继英国之后的第二大工业强国，是欧洲大陆的工业领导者，德国大部分的贸易是以英镑定值进行信贷融资的，所以以黄金来衡量其价值是稳定的，这使德国开始转向金本位制，它的转向开启了金本位制快速在世界范围内确立的趋势。在网络外部性下，丹麦、荷兰、挪威、美国、俄国、日本等国纷纷加入金本位制，只有少数国家如中国和几个中美洲国家还保留着银本位制。最终在 20 世纪初，以黄金为基础的国际货币体系出现了。

（二）国际金融稳定：商品货币时代国际金融稳定的维护

同国际金融效率一样，国际金融稳定也是最终阶段的国际金融公共产品，该产品的供给也依赖于中间阶段国际金融公共产品的投入，那么在商品货币时代是如何维护国际金融稳定的呢？

第一，随着法国拿破仑一世的军事征服，法国的金银复本位制也被与其联系紧密的比利时、意大利和瑞士等国效仿，不过 19 世纪中期，采用复本位制的国家遇到了诸多困难。各国铸币金属含量不同，造成金属含量低的货币将他国金属含量高的货币驱逐出流通领域的问题，这种情况普遍存在，如意大利货币在法国泛滥等，这威胁着各国乃至国际金融的稳定。于是，比利时、法国、意大利和瑞士四国在 1865 年召开国际会议来探讨货币问题，并达成关于货币铸造金属含量及跨国流通技术安排等协议，形成了拉丁货币联盟，希腊在 1868 年加入。以上中间阶段国际金融公共产品按功能划分，可以视为沟通型和激励型国际金融公共产品。

第二，国际货币政策协调隐现。当一国中央银行提高贴现率时，会吸引资本和黄金的流入，同时对资本和黄金流出的国家的收支造成负面影响，同样对于一国的利率调整也需要国际合作，正是这种国内政策上的溢出效应，各国开始关注他国尤其是英格兰银行的贴现率调整，其他国家据此相应调整利率。这样就形成了一个"跟随—领导者"模式。[①]

第三，危机中的双边稳定型国际金融公共产品。上文的"跟随—领导者"模式并不适用于金融危机时期，处于金融危机之中的国家可能会提高贴现率以缓解储备流失，进而吸引国外资本和黄金流入，这时其他国家需要允许这种资本流向。在认识到一国的金融不稳定具有传染性时，其他国家开始向处于金融危机中的国家伸出援手，当然这种帮助只给予与其密切的国家，而处于外围的国家则不会享受到此待遇，因为外围国家不会危及他们国家金融体系的稳定。在1890年巴林危机时，英格兰银行分别从法兰西银行和俄罗斯获得了300万英镑黄金和150万英镑金币，这是国外央行第一次对稳定国际金本位制及其关键货币英镑予以支援，此后这种双边稳定型的国际金融公共产品开始流行起来。1893年欧洲中央银行联盟资助美国财政部稳定金本位制，1898年英格兰银行和法兰西银行援助德国国家银行和德国商业银行，1906～1910年法兰西银行多次援助英国，比利时、瑞典、挪威等国也从国外央行借入过黄金。[②]

二 两次世界大战之间的国际金融公共产品供给

国际金融稳定是两次世界大战之间最重要的国际金融公共产品。在这一时期，英国已经不再占据世界经济的主导性地位，同样国际货币体系中曾占主导的金本位制也在第一次世界大战中崩溃了，此时在众多主要货币中只有美元可以兑换黄金，此时的国际金融中心已由伦敦转向纽约，美国开始取代英国成为世界经济中的主导性力量，其黄金储备在1913～1923年从13亿美元上升至40亿美元。

---

① 〔美〕巴里·艾肯格林：《资本全球化：国际货币体系史》，彭兴韵译，上海人民出版社，2009。
② 〔美〕巴里·艾肯格林：《资本全球化：国际货币体系史》，彭兴韵译，上海人民出版社，2009。

由于一战使黄金在流通中几乎消失了，所以战后各国政府希望通过一些措施来缓解黄金稀缺的局面，其中一个提议是建立金汇兑本位制，即通过外汇储备来补充黄金，但是这种措施需要各国协调进行，如果一国单独实行，则该国货币可能会被抛售，遭到投机性攻击。为了使各国达成一致，部分国家在 20 世纪 20 年代召开了一系列国际会议，其中最著名的是 1922 年由英国领导推动的日内瓦会议，英国的凯恩斯和拉尔夫·霍特里在日内瓦草案的起草工作中发挥了重要作用。这次会议试图推动金汇兑本位制，使各国中央银行持有外汇储备不再受限，另外也希望加强中央银行的合作，避免竞争性的争夺黄金储备，调整贴现率，减少灾难性通货紧缩爆发的可能性，此外也建议召开中央银行会议以讨论具体细节问题。这一切都符合英国的利益，但美国对此有不同的看法，因此没有对此予以支持，这使得这次会议没能推动国际货币体系的实质性前进，中央银行会议也没有召开。可见此时的英国已不能像之前一样按自己的想法来主导并推动国际货币体系的建立了。

英国也尝试重建金本位制，当然在这一过程中也存在国际货币政策协调，如在 1924 年美国为帮助英国重回金本位制，纽约联邦储备银行降低贴现率，使资本从纽约流向伦敦，支撑英镑走强。但英国采取了英镑与黄金恢复至一战前平价这种方式重建金本位制，高估了英镑，同时国际贸易由于各国的贸易保护主义而崩溃，这些使英国的经济受到沉重打击，于是英国不得不在 1931 年放弃金本位制，英镑大幅贬值。世界形成了三个货币集团，其一是以美国为首的金本位制国家，其二是以英国为首的英镑区，其三是以德国为首的外汇管制国家。

在大萧条时期，各国的分歧使国际货币政策协调难以达成，各国纷纷为稳定自身经济采取单边主义政策，如美英法三国不同意协调采取行动，使 1933 年伦敦经济会议所做的努力白费了。但是各国为维护国际金融稳定还是达成了一些协议，如在 1936 年美英法三国经谈判签订了三方协定，三国承诺克制贬值，取消进口配额，共同重建国际货币体系。

此外，这一时期也成立了委托－代理类的国际金融公共产品，一战后为处理德国赔款及相关清算业务，成立了赔款委员会，1930年由在"杨格计划"下成立的国际清算银行（BIS）取代，负责德国赔款分配及财政监督，此外还担负了维护金本位制为基础的国际货币体系。1932 年赔款分配只能减弱，并开始着重向成员国央行提供短期信贷和支付操作。1933 年在美国的反对下，国际清算银行不再试图重建金本位制，并在 1936 年将业务扩大至非金本位制国家。在全球经济大萧条后，BIS 提出要促进各国央行合作，使各国货币政策理念协调一致，试图为央行提供多方面服务，被称为"央行的央行"。① 但是"捷克黄金事件"，即 BIS 在捷克被德国占领后将捷克央行黄金划拨给德国，这使 BIS 陷入了声誉和生存危机。

第二节　布雷顿森林体系时代的国际金融公共产品：组织化与多样化发展

布雷顿森林体系是第一个由国际协商建立的国际货币体系，并不像之前金本位制的确立那样是国际货币体系的渐进演变，这种协商建立的体系从诞生就有着浓烈的政治性。在这一阶段，国际金融公共产品呈现组织化与多样化的发展趋势。

一　国际金融公共产品的组织化趋势

继一战后为处理德国战后赔款问题而建立的第一个委托－代理

① 中国人民银行国际司国际清算银行处：《促全球央行合作做金融标准中枢——写在国际清算银行成立 80 周年之际》，《中国金融》2010 年第 12 期。

型国际金融公共产品（BIS）后，在布雷顿森林体系期间，国际金融公共产品开始呈现组织化趋势，多个委托－代理型国际金融公共产品出现，并在全球金融治理中发挥了重要作用，如国际货币基金组织（IMF）、世界银行（WB）及多个地区开发银行等。

1940 年和 1941 年英美两国就开始分别思考战后国际货币秩序的安排，后在 1941 年 8 月和 1942 年 2 月的《大西洋宪章》与《互助协定》中英美两国达成初步意向，英国承诺恢复英镑经常账户下的可兑换，美国承诺扩大金融援助等。为达成这些意向，以凯恩斯和怀特为首的英美专家开始草拟各自的计划，也就是著名的"凯恩斯计划"和"怀特计划"，这为英美专家"联合声明"和国际货币基金组织的协定条款奠定了基础，当然由于美国的实力已在英国之上，所以最后"怀特计划"取胜。1944 年，布雷顿森林会议上 44 个国家签署了《国际货币基金协定》和《国际复兴开发银行协定》，最终在 1946 年生效，布雷顿森林体系由此建立。

布雷顿森林体系主要由两个多边委托－代理型国际金融公共产品支撑，即国际货币基金组织和国际复兴开放银行（世界银行），两者作为国际金融组织，在成员国授权下作为代理人参与全球金融治理。两者供给国际金融公共产品类型的重点有所不同，前者侧重于稳定型国际金融公共产品的供给，后者侧重于效率型国际金融公共产品的供给。国际货币基金组织主要通过中短期借贷来调节国际收支失衡，保障国际货币体系稳定运行，世界银行主要是通过中长期信贷来支持成员国经济的重建与复苏。此外，受"捷克黄金事件"影响，先前成立的 BIS 在布雷顿森林会议上有多家央行要求将其解散，但 1948 年在美国支持下继续存续。由于布雷顿森林体系建立之初凯恩斯主义盛行，央行威望下降，BIS 将关注点投到科研领域，致力于信息和研究中心的建设，同时 BIS 积极为欧洲国家央行提供支付便利。[①]

为改善欧洲贸易和支付问题，1950 年欧洲经合组织成员国成立了欧洲支付联盟（EPU），旨在弥补 IMF 的不足。它运行的关键在于管理委员会，不过该委员会的提议只能在所有成员国一致同意之后才能生效。在 20 世纪 40 年代末，美国经济衰退，减少了对欧洲商品的需求，使欧洲出现了"美元荒"，之后欧洲国家货币贬值、美国经济好转及朝鲜战争爆发，使"美元荒"情况有所缓解，但仍未消除，这给欧洲国家恢复经常项目下的可兑换蒙上了阴影，阻碍了欧洲内部贸易。于是 EPU 应运而生，其主要目标为同时恢复经常账户交易的货币可兑换性，EPU 的成员国主要为西欧国家及其海外属国，其在 1958 年退出历史舞台。

同时，在这一时期多家多边委托 – 代理型国际金融组织成立，如 1960 年美洲开发银行成立、1964 年非洲开发银行成立、1966 年亚洲开发银行成立。

二 国际金融公共产品的多样化趋势

从前文的组织化趋势也能看出，国际金融公共产品呈现多样化趋势，如除全球性国际组织外也出现了区域性国际组织，除此之外，为应对新环境国际金融公共产品也出现了更多的创新，呈现多样化趋势。由于"特里芬难题"的存在，即美国需要不断地通过赤字方式向世界提供美元，但当美元债务超过其黄金储备时，美元兑黄金平价的稳定性则会受到怀疑，所以布雷顿森林体系内生的存在不稳定性。进入 20 世纪 60 年代后，为维持这一体系及国际金融稳定，各国通过合作供给多种国际金融公共产品。

---

① 中国人民银行国际司国际清算银行处：《促全球央行合作做金融标准中枢——写在国际清算银行成立 80 周年之际》，《中国金融》2010 年第 12 期。

支持美元和英镑是维护国际金融稳定的关键。英国虽然不像一战前那样在国际货币体系中占据主导地位，但英镑仍保持着第二重要储备货币的地位，尤其是在英联邦国家之中英镑是国际储备的主要形式。如果英镑贬值自然会动摇整个储备货币体系的信心，继而影响到美元，所以美国将英镑视为第一道防线，也就是说对美元与英镑提供支持是国际金融公共产品的主要目标。

国际清算银行继续扮演了沟通型国际金融公共产品的角色，各国中央银行家和官员每月都在巴塞尔会面，促进央行间的合作，IMF在此阶段也有所创新。第一，黄金总库。为支持布雷顿森林体系的关键货币美元，在 BIS 协调下，1961 年 11 月，美国联合英国、瑞士和欧洲经济共同体成员国共同建立了黄金总库，在这一安排下，各国承诺不兑换它们的美元外汇和黄金储备，并通过买卖黄金以维持美元黄金平价，这是一种多边稳定型国际金融公共产品。第二，借款总安排。同样在 BIS 协调下，十国集团①与 IMF 达成了借款总安排，它是第一个为补充 IMF 资金而设立的备用信贷额度，用以 IMF在资金不足或可能缺乏资金的情况下，在普通基金定额以外为总安排成员国提供贷款，或者影响外汇市场以抑制货币投机和金融危机，这改善了 IMF 救助资金捉襟见肘的局面。第三，货币互换协议。双边货币互换，即通常是两国央行在一段时期内互相交换两种特定数量货币的行为，两国都互相支付相应利息给对方，在互换期结束后，两国央行再将之前互换的货币换回，通常用来获得流动性支持、维护外汇市场稳定以及促进两国之间国际贸易与投资的发展。1961 年各国央行同意进行互换安排以维持弱币稳定，英国由此获得了约 10亿美元的支持。美国也通过与瑞士国家银行和 BIS 的互换协议，获

---

① 十国集团，由美国、英国、联邦德国、法国、日本、比利时、意大利、荷兰、加拿大、瑞典组成。

得约 47 亿美元的瑞士法郎，用以购回他国抛售的美元，维护美元黄金平价。这一时期的双边货币互换被频繁使用，总规模也不断扩大，在 1967 年美联储就已经与 14 个央行及 BIS 签署了双边货币互换协议。第四，特别提款权（SDR）。SDR 是 IMF 在 1969 年为应对美元流动性短缺所创立的一种储备资产和记账单位，也被称作"纸黄金"，这在全球金融治理史上是一个重要创新。在 2008 年全球金融危机之后，以斯蒂格利茨为首的经济学家认为引入以 SDR 为核心的超主权储备体系是国际货币体系改革的最佳路径。

此外，环球同业银行金融电讯协会（SWIFT）的建立。随着国际经济联系日益紧密，各国银行之间财务往来也与日俱增，各国手工处理方式的金融通信已不能适应国际支付清算的快速增长。于是从 20 世纪 60 年代末开始，欧美银行业就计划建立一个全球化的金融信息处理系统，以准确、可靠、低廉和迅速地传送标准的国际资金调拨信息。1973 年 5 月，SWIFT 由美国、加拿大和欧洲等 15 个国家的 239 家银行正式创立，它是重要的效率型国际金融公共产品。

第三节　后布雷顿森林体系时代*的国际金融公共产品：碎片化与国际金融监管

在这个高度政治化的布雷顿森林体系解体之后，各国也试图继续设计未来新体系的运行，旧有的国际金融公共产品在新情况下也做出了相应调整。美元挣脱黄金的束缚，形成了事实上的美元本位制，这是国际货币体系史上第一次出现了信用货币本位制，国际金融的权力属性愈加显著，伴随国际资本流动的增加，汇率从稳定到

---

* 这段时间主要是 20 世纪 70 年代到 21 世纪初，因为后文还会对全球金融治理的新近事件做具体分析，所以此处一些论述会简化。

浮动的转变，新时期的国际金融体系运行更加复杂，国际金融监管开始成为重要的国际金融公共产品，同时这一时期延续了上一阶段区域金融公共产品的发展，并呈现碎片化趋势，当然这也是对全球金融体系治理的完善。

一　国际货币体系背景

1972 年 7 月，国际货币基金组织设立 20 人委员会，执掌执行董事会，准备对评价体系进行改革，这反映了官方仍希望维持可调整钉住汇率，但与现实相违，1974 年他们放弃了这个想法。接着，国际货币基金组织理事会通过了《IMF 协定第二修正案》，这使汇率浮动合法化，去除了黄金的特殊地位，它使各国有义务支持稳定的经济环境，授权 IMF 监管其成员国，促使其汇率稳定。这背后是西欧和日本希望限制汇率波动，而美国倾向于汇率浮动，当然西欧国家也试图通过"蛇形浮动"来稳定汇率，但这并不成功。此外，十国集团和五国集团①仍然是重要的沟通型国际金融公共产品。

在 20 世纪 80 年代初期，美国国内财政赤字与国际贸易逆差大幅增加，同时美元升值幅度超出利率和经济基本面的支撑，呈投机泡沫化，里根政府开始放弃市场决定利率的信念。于是在 1985 年 9 月，五国集团财长和央行行长召开秘密会议，达成了著名的"广场协议"，即通过各国干预，促使美元贬值、马克和日元升值。不过，美元的贬值一发而不可收，1986 年 9 月美日两国达成双边协议试图稳定汇率，但收效甚微，这又促使 1987 年 2 月七国集团财政部长召开卢浮宫会议，讨论相关政策调整以稳定美元汇率。值得注意的是，IMF 在这些发展中并未发挥重要作用，这体现出了大国对小国的无视。

---

①　五国集团，即 G5，由美国、日本、法国、德国和英国财政部长及特邀嘉宾组成。

二 国际金融公共产品的碎片化趋势

随着原殖民地纷纷独立，东亚国家快速发展，发展中国家开始登上世界经济的舞台，欧美不再是世界上的唯一主角，在这种变化之下，欧洲合作不再被视为全球性合作。在此背景下，欧洲货币金融合作被视为区域性合作，正是以欧洲区域性国际金融公共产品发展为先导，其他地区的区域性国际金融公共产品先后诞生，区域性合作崛起，这也可归因于不同区域国家对于国际金融公共产品的不同需求，此外在各个国际金融领域出现了各自的监管与规则体系，如银行、证券、保险等行业。总之，全球金融体系治理呈现碎片化趋势，这一方面完善了全球金融体系治理架构，另一方面也造成一些治理困境，如导致场外衍生品交易监管合作的失败。[①]

欧洲的货币合作。欧洲内部经济、贸易联系密切，对内部汇率稳定有着特别的需求，同时各国也将欧洲经济共同体合作视为团结法德乃至欧洲以避免战乱再次发生的举措，所以欧洲一直寻求货币上的合作。二战后德国经济和贸易大幅发展，再加上德国央行对通货膨胀的特殊厌恶，德国马克成为欧洲各国的参考货币，并且德国央行为欧洲大陆制定货币政策基准。而法国一直反对一国货币占据主导地位的情况，所以法国也试图通过欧洲货币体系的创立来改善这种情况，当然在欧洲货币一体化进程中，法德合作是欧洲汇率机制、欧洲中央银行、欧元等区域性国际金融公共产品诞生的关键。此外，1991 年欧洲复兴开发银行成立，旨在帮助和支持中东欧国家向市场经济转化。

非洲、海湾、东亚等地区的货币合作。第一，在原非洲法郎区，

---

① Knaack, P., "Innovation and Deadlock in Global Financial Governance: Transatlantic Coordination Failure in OTC Derivatives Regulation," *Review of International Political Economy*, Vol. 22 (6), 2015, pp. 1217–1248.

殖民地国家独立后，为弱化法国控制，创立了西非货币联盟[①]和中非货币联盟[②]。西非货币联盟诞生于 1973 年，并建有西非中央银行，其统一货币为西非法郎，在 1994 年进一步成立了西非经济货币联盟，非洲金融共同体法郎是其统一货币。中非货币联盟成立于 1964 年，1972 年创办了中非国家银行，1998 年 2 月中部非洲经济与货币共同体成立。此外，在 1977 年和 1978 年为进一步弱化法国对非洲法郎区的控制，西非国家中央银行和中非国家银行总部分别从巴黎搬至达喀尔和雅温得。[③] 第二，1977 年阿拉伯货币基金组织成立，成员国包括阿拉伯联盟[④]全部 22 个成员，其主要目标为调节成员国国际收支失衡、为货币金融政策和改革提供技术支持。2001 年海湾合作委员会提出在 2010 年实现统一货币，2009 年 6 月海合会的成员国沙特阿拉伯、科威特、卡塔尔和巴林签订海湾货币联盟协议，但之后由于区域内部分歧及欧元区债务问题等搁置了统一货币的进程。第三，东亚地区，在 1977 年东盟国家就建立了东盟货币互换安排，用以支持遭遇短期外汇流动性短缺的成员国。在 1997 年东亚金融危机之后，"10 + 3"国家在 2000 年进一步达成清迈倡议（CMI），2010 年成立了自我管理的外汇储备库，以应对区域内国家国际收支不平衡和短期流动性短缺等问题。在 2011 年成立东盟与中日韩宏观经济研究办公室（AMRO）以监测区域内经济，并于 2013 年升级为国际组织。

三　国际金融监管成为重要的国际金融公共产品

随着世界经济的联系日益密切，国际资本流动大幅增加，金融

---

① 西非货币联盟的成员国有贝宁、布基纳法索、科特迪瓦、几内亚比绍共和国、马里、尼日尔、塞内加尔和多哥。

② 中非货币联盟成员国有喀麦隆、刚果、加蓬、乍得、中非共和国和赤道几内亚。

③ 郭华：《非洲法郎区货币合作路径探析》，《西亚非洲》2007 年第 2 期。

④ 阿拉伯联盟成立于 1945 年，成员国包括阿尔及利亚、阿联酋、阿曼、埃及、巴勒斯坦、巴林、吉布提、卡塔尔、科威特、黎巴嫩、利比亚、毛里塔尼亚、摩洛哥、沙特、苏丹、索马里、突尼斯、叙利亚、也门、伊拉克、约旦、科摩罗。

危机传染性加强，正是因此国际金融监管成为重要的国际金融公共产品，即前文所说的激励型国际金融公共产品开始得到发展。从表3-1可以清楚地看出在20世纪70年代后，全球金融监管体系开始完善，大部分国际金融监管机构都在此后建立，国际金融监管在这一时期成为重要的国际金融公共产品。当然，BIS和IMF是其中最重要的国际金融监管机构，两者虽然在先前成立，但是他们的国际金融监管职能在此阶段得到更大发展。

表3-1　全球金融监管体系

机　构	创建年份	总部/秘书处	职责概要
国际清算银行（BIS）	1930	巴塞尔（瑞士）	中央银行合作
国际货币基金组织（IMF）	1945	华盛顿（美国）	国家的金融稳定
世界银行（WB）	1945	华盛顿（美国）	发展
经济合作与发展组织（OECD）	1948	巴黎（法国）	经济稳定
全球金融体系委员会（CGFS）	1971	巴塞尔（瑞士）	监控市场发展
国际财务报告准则（IFRS）	1973	伦敦（英国）	财务会计准则
巴塞尔银行监管委员会（BCBS）	1973	巴塞尔（瑞士）	银行监管标准
国际证监会组织（IOSCO）	1974/1983	马德里（西班牙）	证券市场管理
国际清算银行支付和市场基础设施委员会（CPMI）	1980	巴塞尔（瑞士）	金融基础设施标准
金融行动特别工作组（FATF）	1989	巴黎（法国）	反犯罪与恐怖主义融资
国际保险监督官协会（IAIS）	1994	巴塞尔（瑞士）	保险监管标准
金融稳定委员会（FSB）	1999	巴塞尔（瑞士）	金融监管
国际存款保险机构协会（IADI）	2002	巴塞尔（瑞士）	存款保险标准
国际独立审计监理机构论坛（IFIAR）	2006	东京（日本）	审计监管
全球法人机构识别编码基金会（GLEIF）	2014	巴塞尔（瑞士）	法人确定

资料来源：笔者根据 Nicolas Véron 的论文整理。Véron, Nicolas, "Financial Regulation: The G20's Missing Chinese Dream," *Bruegel Policy Contribution Issue*, Vol. 19, 2016。

第一，在国际金融监管领域最重要的国际组织便是 BIS，其自成立一直是中央银行行长们讨论国际货币金融合作的主要场所，被称为中央银行家俱乐部，注重于央行间合作及监管标准制定。它主要是通过五个常设委员会和三个国际协会制定各种金融监管标准来约束各国金融机构的行为以规避风险。[①] 例如，BIS 在 1974 年设立巴塞尔银行监管委员会以增进银行监管合作与信息沟通。此后 1987 年银行监管委员会推出资本充足率协议，推动了监管机构制定跨国银行监管原则、标准、规则、决策制定程序和政策协调。1999 年巴塞尔会议上七国集团决定成立金融稳定论坛（Financial Stability Forum），以加强金融监管方面的信息沟通与合作，进而促进全球金融体系稳定，在 2009 年该论坛应二十国集团要求扩员并更名为金融稳定委员会，负责国际标准的制定与推动执行。1996 年和 1999 年 BIS 也两次扩员，将新兴市场国家吸纳进来。在 2008 年全球金融危机之后，BIS 开始与相关国际机构在宏观审慎管理、建立早期预警机制方面展开合作，同时强力支持国际标准设立机构工作。BIS 还推进其支持运作的各种标准制定机构吸纳新兴市场国家成员，如巴塞尔银行监管委员会、全球金融体系委员会、支付结算委员会和市场委员会。[②]

第二，IMF 也是重要的国际金融监管组织，但其与 BIS 侧重央行间合作及制定监管的标准稍有不同，IMF 更注重推动政府间合作，并且在监管标准方面更关注推广与执行。IMF 通常从全球和国别两个方面来承担国际金融监管职责。一方面，IMF 会委派特别小组来对各国的宏观经济状况做调查和诊断，并发布《全球金融稳定报告》，以此对全球金融风险进行评估并提出应对建议。另一方面，在

---

① 谢世清、曲秋颖：《国际清算银行与国际货币基金组织之比较研究》，《宏观经济研究》2012 年第 9 期。

② 中国人民银行国际司国际清算银行处：《促全球央行合作做金融标准中枢——写在国际清算银行成立 80 周年之际》，《中国金融》2010 年第 12 期。

国别层面，在 1994 年墨西哥金融危机后，IMF 建立了金融危机预警机制，并且该机制在 1996 年就预测到东南亚国家的金融风险并对相关国家发出预警。又如 IMF 长期以来严密的监督，促使菲律宾形成相对健康的金融监管体系，使其在东亚金融危机爆发后有着较好的表现。[①]

第四节 国际金融公共产品变革的逻辑

从前文国际金融公共产品演进的趋势特征可以看出，国际金融公共产品一直处于动态发展的过程中，随着国际经济政治形势变迁而演化。

一 国际金融公共产品变革类型的划分："质"和"量"

我们可以将国际金融公共产品变革的类型从"质"和"量"两个方面来划分。

第一，从"质"上来说可以分为技术性变革和权力性变革。所谓技术性变革是指随着国际经济的新发展，对国际金融公共产品也有了新的需求，进而促进国际金融公共产品的演进，这时产品的"质"是存在发展的。如 20 世纪六七十年代，各国银行间财务往来日益频繁，用传统手工方式处理国际金融通信方式已不能满足需求，所以促成了 SWIFT 的诞生。权力性变革则是指国家间实力的此消彼长带来的国际金融权力地位的变化，而国际金融公共产品通常是由大国主导供给，所以这种地位的变化也将带来国际金融公共产品中主导国的变化，而这种变化带来的国际金融公共产品演进则属于权

---

① 谢世清、曲秋颖：《国际清算银行与国际货币基金组织之比较研究》，《宏观经济研究》2012 年第 9 期。

力性变革。如国际货币基金组织的份额与投票权改革便是一种权力性变革，是由国家间实力地位变化、国家间竞争所带来的，这时产品仍然是同质的，并没有变化。

第二，从"量"上来说可以划分为存量变革和增量变革。所谓存量变革是指国际经济形势新发展或国家间实力地位的变化而使原有国际金融公共产品做出相应调整，这时国际金融公共产品的量是没有变化的。如 IMF 改革也是存量变革。而增量变革则是指在国际经济政治新形势下通过供给新的国际金融公共产品来满足新需求，这时国际金融公共产品在量上是增加的。如在布雷顿森林体系时期，美元短缺，促成了各国央行间双边货币互换的产生，以缓解"美元荒"。

按"质"分类，我们能看出国际金融公共产品演进的推动力，即技术性推动力和权力性推动力；按"量"划分，我们能看出国际金融公共产品变革的路径，即存量变革和增量变革。

二　国际金融公共产品变革的权力性推动与路径

国际金融公共产品变革的推动力虽然可以分为技术性推动力和权力性推动力，但是更为根本的仍然是权力性推动力，技术性推动力只是国际经济新形势对国际金融公共产品提出了新的需求，但在新国际金融公共产品供给的过程中仍然是各国权力的竞合占据主导地位。如巴塞尔委员会的出现是因为国际经济新形势对银行业监管有了新需求，虽然这是技术性推动，但其成立和发展过程中权力性推动仍占据主导。在 1980 年银行监管方面美国开始改变过去分别对各个银行设定资本与资产的比率，改为更为严格地统一设定资本与资产的比率，而日本的银行监管机构对银行资本监管更为宽松，其对资本充足率的要求更低，并且允许银行将持有的股票增值部分计入资本，而美国并不允许这样做，所以日本银行在美国乃至全球的竞争力都更占据优势。1988 年全球总资产前十名的银行都来自日本，并且在 20 世纪 90 年代初，美国的消费和工业贷款的 18% 都来自日本的银行。为了扭转这种不利局面，美联储联合英格兰银行开始推动银行资本监管国际化，两国在 1986 年达成了一个以风险为基础的监管体系作为新的银行资本标准，新体系要求将资产依据其风险程度划分为不同类型，并赋予不同的风险权数，进而确定银行资本与风险加权资产的最低比率。英美为向全球推行该银行监管体系，于是通过巴塞尔银行监管委员会主导了 1988 年巴塞尔协定的制定，该协定直接大量采纳英美银行资本监管方案，这使日本被迫将股票增值部分拿出银行资本，可见即便是技术性变革也是由权力性推动力主导的。①

在国际金融公共产品变革的路径方面，即存量变革与增量变革，我们可以进一步将它们细分。存量变革，由于国际金融公共产品往往是由大国主导供给，所以存量变革也往往是由大国推动，一种是主导性大国为应对国际经济新形势而进行主动变革，另一种是其他崛起大国推动的被动变革。增量变革分为两种情况。一种情况是在主导国允许下的增量变革，如主导国领导应对国际经济新需求而创立新的公共产品，或者由不对主导国构成威胁的国家在非主导国核心利益领域而新创立的公共产品。另一种情况是在主导性大国抗拒下，如拒绝原有体系变革以应对国际经济政治新需求后由崛起国创立新的国际金融公共产品。两种情况都是对既有全球金融体系治理的完善，但后一种情况则对主导国的地位构成挑战。

从历史中的国际金融公共产品的发展就可以看到权力性推动贯穿始终。在前布雷顿森林体系时代，金本位制的英国凭借其在世界经济政治中的核心地位，使黄金战胜白银成为国际货币，在布雷顿

---

① 〔美〕本·斯泰尔、罗伯特·E. 利坦：《金融国策：美国对外政策中的金融武器》，黄金老、刘伟、曾超译，东北财经大学出版社，2008。

森林体系时代，随着英国衰弱，美国取代了它在世界经济政治中的主导地位，在对布雷顿森林体系进行初始设计时，美国支持的"怀特计划"战胜了英国支持的"凯恩斯计划"，在美元与黄金脱钩的后布雷顿森林体系时代，美国凭借其在世界经济中的地位继续主导国际金融公共产品的供给。

三　历史中崛起国与以美国为主导的全球金融体系治理的变革

当然，随着 20 世纪六七十年代德国和日本的崛起，对以美国为主导的全球金融体系治理带来了冲击，不过该体系展现出了良好的制度弹性，将德国和日本纳入其中。

第一，二战后德国经济出现快速增长，并且持续获得大量贸易盈余，在 20 世纪 50 年代末就已成为欧洲经济的领导力量，在宏观经济方面德国在欧洲有着巨大的影响力。如由于德国央行极其厌恶通货膨胀，所以其利率一直较高，而欧洲国家为减小本币贬值压力会与德国一样维持在一个较高的利率水平。在 20 世纪 70 年代欧洲实行"蛇形浮动"汇率时，德国就成为其他国家的"货币锚"。全球金融体系治理展现出了制度弹性，早在 1961 年联邦德国就获得了在 IMF 与法国相等的配额及执行委员会的席位，之后在探讨 IMF 改革、设立 SDR 时，德国也参与了讨论，此外也被邀请加入七国集团，这样在原有全球金融体系治理存量改革后，德国被吸纳进来。第二，日本同样在二战后经济出现快速增长，在 1968 年时已成为全球第二大经济体，在 20 世纪 70 年代日元就成为国际金融市场中最受欢迎的货币之一，到 20 世纪 80 年代日本已成为世界最大的债权国。不过由于日本在安全上直接依靠美国的军事力量，并且日本在对外政策上唯美国是从，所以将日本纳入全球金融体系治理的存量变革较小，日本在 20 世纪 60 年代被邀请加入十国集团以及此后的五国集团和七国集团，1971 年日本替代印度在 IMF 执行委员会获得一个席位，不过日本的投票权要小于德国，这样日本也被吸纳进来。

历史中的崛起国最终都被吸纳进旧有的全球金融体系治理，体系的存量变革展现了制度弹性，但是德日两国都是美国的盟友，且两国均无意挑战美国的主导地位。而当前崛起的中国有所不同，中国并非美国的传统盟友，甚至在某些利益上还存在直接冲突之处，那么全球金融体系治理还可以通过存量变革来将中国吸纳进来吗？从美国拖延批准 2010 年 IMF 改革计划多年，在中国建立金砖银行、亚洲基础设施投资银行等进行增量变革后，美国才批准改革计划，通过存量变革提高中国等新兴市场国家的份额。可见美国并不情愿给予中国在全球金融治理体系中应有的地位，而中国等新兴市场国家也并不满足当前全球金融体系治理现状，可以想见，未来中国等新兴市场国家主导全球金融体系治理的增量变革进而推动存量变革的模式还会持续下去。

第四章

以美国为主导的全球金融体系治理对世界经济的负面影响：变革的源起

由于没有世界政府提供国际公共产品，美国作为世界上强大的国家，领导着国际公共产品的供给，而在国际金融公共产品供给中会获得联产品，即给供给国带来政治影响力，不过在国际金融权力单极结构激励下，霸权国的供给意愿是最低的，并且倾向于滥用其已获得的联产品——政治影响力，这也成为后起国试图变革全球金融体系治理的重要动因。本部分将具体考察以美国为主导的全球金融体系治理对世界经济及东亚经济造成的负面影响。

第一节　全球层面主要国际金融公共产品的缺陷

一　维护国际金融稳定方面的缺陷

（1）美元霸权的滥用

广泛流通的国际货币可以为国际贸易、投资与支付交易提供便捷，是一种效率型国际金融公共产品，而稳定的国际货币又可作为"货币锚"，稳定国际货币体系，因此其又是一种稳定型国际金融公共产品。不过在霸权结构激励下，国际货币也会具有非中性，即该国际货币不再是中性的交易媒介，而是会给发行国带来特权，其他国家则会受到损害，当前的美元霸权就是如此。

第一，美国独享国际铸币税收入并且征收"超额通货膨胀税"，威胁他国美元资产安全。美元作为国际货币会为发行国带来国际铸币税收入乃至"超额通货膨胀税"收入。其中，国际铸币税是指当一国货币被其他国家市场、政府所持有时，该国货币面值超出货币生产成本部分的铸币税由他国承担，这时该发行国就获得了国际铸币税收入，这会为发行国带来丰厚的物质收益，例如仅国际铸币税就为美国带来每年约 180 亿美元的收益。[①] 而超额通货膨胀税是指美元超发，造成美元贬值与通货膨胀，使国外持有者的美元实际购买力降低，并稀释美元外债，造成他国资产缩水，使这些国家的美元资产安全受到威胁。据测算，1976～2010 年美国依靠美元贬值获得的价值转移收入高达 2.27 万亿美元。[②]

第二，美国货币政策的负溢出效应。美元作为世界主导性的国际货币，其他国家不得不持有、使用。美联储在一定程度上成为世界中央银行，其制定的货币政策会对其他国家的宏观经济造成影响，但是美国的货币政策服务于国内利益而非世界，其制定依据是美国自身的宏观经济情况，所以这就必然使得美联储的货币政策不一定符合其他国家宏观经济状况的需求，客观上造成美国货币政策溢出的负效应。如在 2008 年全球金融危机中，美国为稳定国内经济状况，美联储实施了量化宽松政策，使大量资金涌入新兴市场国家推动其资产价格大幅上升，助推资产泡沫的产生，之后在退出量化宽松政策和加息时又造成这些新兴市场国家的资金迅速外流，对它们的金融市场稳定造成冲击。

---

① Benjamin, J. Cohen, "The Benefits and Costs of an International Currency: Getting the Calculus Right," *Open Economies Review*, Vol. 23 (1), 2012, p. 16.

② 李扬、张晓晶：《失衡与再平衡：塑造全球治理新框架》，中国社会科学出版社，2013。

（2）IMF 的"私有化"

国际金融公共产品的"私有化"一般是指主导国为满足自身利益偏好，将服务于全球金融领域的公共产品用于服务自身利益。国际金融组织的"私有化"可以划分为两个方面，一方面是在组织运行与决策机制方面一国占据主导地位，另一方面是使组织决策结果符合自身利益偏好，当然两者相辅相成，往往要想使决策结果符合自身利益，就需要在组织运行和决策机制中占据主导地位。

IMF 是国际金融领域最重要的公共产品之一，作为委托 – 代理型国际金融组织，美国主导其初始设计，使 IMF 自诞生以来就打上了深刻的美国烙印。美国将 IMF 私有化的表现如下。其一，美国拥有的投票权一直占据 15% 以上，意味着其在重大事项（如提升份额、分配特别提款权、接收新成员等）的决定上拥有一票否决权，而投票权紧随其后的日、德、法、英等国家不仅与其差距较大且为美国的传统盟友，因此没有一国或集团可以对其进行有效的制衡。美国国会拒绝批准 2010 年 IMF 份额改革方案多年，使得中国等新兴市场国家的份额提升未能适时落实便是一例。此外，即使当前改革方案通过后，美国投票权仍占 16.54%。[①] 其二，在 IMF 的职员中，拥有美国国籍和教育背景的比重较大，这使得以美国为首的西方意识形态与价值观占据主导。根据计算，在 IMF 的职员中，拥有美国国籍的占比为 20.1%，比所有来自东亚地区国家的职员占比高了约 8 个百分点；在拥有博士学位的职员中，有近 62% 来自美国高校，来自东亚国家高校的则仅占 1.4%；在硕士与学士学位层面这一比重分别为 46% 和 39%、3% 和 10%。这对 IMF 意识形态与价值观带来的巨大影响不能忽视。美国将国

---

① 数据来自 IMF "关于 IMF"（About the IMF），查阅时最后更新日：2016 年 11 月 1 日，http：//www.imf.org/ external/ np/sec/memdir/members. aspx#3。

际金融公共产品"私有化"，依据其自身利益来操控 IMF 的行动，尤其是推行其所倡导的"华盛顿共识"，这也就使得维护国际金融稳定的公共产品不能有效供给，一些陷入危机的国家不能得到及时有效的救助。罗伯特·巴罗（Robert J. Barro）和李钟和（Jong-Wha Lee）的研究指出，一国在 IMF 中任职人数越多，该国在政治和经济上与美国越接近，也越有助于其提高获得贷款的可能性与扩大获得贷款的规模。[①]

此外，如表 4 - 1 所示，以美国为首的欧美国家独享了全球主要国际金融组织的领导职位，这都使得当前全球金融体系治理不能很好地照顾到新兴市场国家及广大发展中国家的利益，在参与度上并不具备国际公共性。

表 4 - 1 主要国际金融组织的领导人及其国籍

机构	职位	姓名	国籍
国际清算银行	董事长	Jens Weidmann	德国
	行长	Jaime Caruana	西班牙
国际货币基金组织	总裁	Christine Lagarde	法国
世界银行	行长	Jim Yong Kim	美国
金融稳定委员会	主席	Mark Carney	加拿大
	秘书长	Svein Andresen	美国

资料来源：笔者根据 Nicolas Véron 的论文整理。Véron, Nicolas, "Financial Regulation: The G20's Missing Chinese Dream," *Bruegel Policy Contribution Issue*, Vol. 19, 2016。

（3）美联储全球双边货币互换网络的选择性

在霸权结构激励下，国际金融公共产品往往处于供给不足状态，

[①] Robert, J. Barro, and Jong-Wha Lee, "IMF Programs: Who is Chosen and What are the Effects?," *Journal of Monetary Economics*, Vol. 52 (7), 2005, pp. 1245 - 1269.

IMF 救助能力不足也是如此，而且美国将 IMF 私有化，使得很难通过对其增资来提升救助能力，因为增资往往会削弱美国的主导地位，崛起国往往希望通过增资计划来促成全球金融体系治理的存量变革，这就使得 IMF 在面对大规模金融危机时往往力不从心。在全球金融体系治理正常运行时，主导国往往会通过委托－代理型国际金融组织来提供国际金融公共产品，如 IMF 作为最后贷款人，这种多边组织运行具有效率与合法性优势。但是当体系遭遇危机，主导国地位受到挑战时，其会更加关注救助成本与相对收益，便会以转向双边货币互换网络的方式来充当最后贷款人，这样能够使主导国更细致化地配置资源，以有限的资源来救助与自身利益密切相关的国家，这也增加了国际金融公共产品的排他性。也就是说，只有符合主导国利益的国家才能得到救助，而其他国家则很难得到这种国际金融公共产品。

在 2008 年全球金融危机时，很多国家银行与非银行金融机构都亟须国际最后贷款人来提供美元流动性，但 IMF 仅有 2500 亿美元的资金池是远远不够的，并且其可以借出的资金只有 600 亿美元左右，即便后来扩大到 7500 亿美元也是远远不足的，在危机时救助希腊一国的资金就需要约 3000 亿美元。在这种情况下，美联储在 2007 年末至 2008 年末与全球 14 个国家的央行进行了双边货币互换。在这些互换协议中，有十个协议是美联储同发达国家央行签订的，规模巨大，这些国家都与美国的金融利益密切相关，其中与英国、澳大利亚、欧洲央行的货币互换额度甚至超过它们先前的外汇储备规模。此外美国也与四个新兴市场国家签订了货币互换协议，但规模相较于这些国家的外汇储备水平要小很多，而且协议也很少被启用，所以这种货币互换协议被认为政治意义更强，是美国有意与巴西、韩国、新加坡合作，以便掌握全球金融体系治理改革主导权，比如巴西和韩国是 2008 年和 2010 年 G20 峰会的轮值主席国，在设置会议议程和政策协调方面发挥了很大作用。可见，美联储通过双边货币互换协议的选择性，精准灵活地维护了美国的利益，而那些不被美国重视的国家则很难得到有效救助。①

二 国际金融效率方面的不足

（1）美元体系的内在不稳定性

美元本位制存在不稳定性，美元币值信用基础的削弱及汇率的无序波动对国际贸易、投资造成负面影响。在美元与黄金脱钩后，没有了黄金对美国印钞与发行债券的羁绊，美国可凭借美元的主导性地位为本国国际收支赤字不断融资，这就使其倾向于超发货币，进而加剧国际收支失衡，并将这种失衡调整的压力转嫁给其他国家。同时，美国的对外负债膨胀到某种程度后，将削弱美元币值的信用基础，进而加剧汇率的无序波动，增加持有及使用美元进行国际贸易、投资的成本。

（2）对世界银行的操控

世界银行（国际复兴开发银行）最初成立于1945年，旨在为战后欧洲经济重建提供资金支持，其作为委托－代理型国际金融组织，同国际货币基金组织一样初始是由美国等西方国家主导设计的，这也就使其处于美国的掌控之下，最明显的是美国的投票权一度占据30%以上及行长由美国人来担任的惯例。最初世界银行的贷款主要流向欧洲国家，后来随着美国马歇尔计划的推出及欧洲经济的复苏，西方国家对世界银行的依赖降低，于是世界银行的贷款目标开始转向发展中国家。不过这时的世界银行仍然受到以美国为首的西方国家的掌控，以使其服务于它们的利益偏好，而广大发展中国家则不

---

① 刘玮、邱晨曦：《霸权利益与国际公共产品供给形式的转换——美联储货币互换协定兴起的政治逻辑》，《国际政治研究》2015年第3期。

能很好地保护自身利益。在治理结构上，除行长一直为美国人担任外，投票权中的基本投票权和加权投票权的比重失调，"一国一票"的基本票所占比重不断下降，从最初的 11% 下降到 2.86%，以持有份额计的加权票的比重不断上升，美国等发达国家一直掌控着绝对优势的投票权，而单美国的投票权就为 16.39%，在修改《世界银行章程》时需 85% 以上的投票权同意，这时美国也就享有了事实上的一票否决权。在 2010 年改革前，中国的 GDP 虽然占世界 GDP 的 9% 左右，但其投票权仅为 2.77%，显然中国没有在世界银行获得应有的地位。在贷款方面又具有条件性，世界银行在向其他国家发放贷款时往往会有附加条件，这些附加条件往往反映了美国的利益偏好，如附加了人权、环境、经济自由化等政治和经济条件，附加条件本没有错，但这种"一刀切"的条件忽视了各国的特殊国情与发展阶段，给众多国家带来困扰。此外，1972 年美国的《冈萨雷斯修正案》还限制了世界银行不能贷款给没收美国资产的国家，这更凸显了美国的利益偏好。

第二节　区域经济的困境：东亚案例

东亚地区波浪式的增长奇迹源于快速推进的区域经济一体化。在此发展进程的背后，一个长期被东亚各国所忽视的问题是"东亚奇迹"其实是在美国主导的全球金融体系治理下实现的。但是，"水能载舟，亦能覆舟"，长远来看，这种发展模式必然内生地导致东亚经济陷入三大困境，即货币困境、制度困境和结构困境。1997 年和 2008 年的两次金融危机爆发，使得这三大困境对于东亚经济所蕴藏的巨大风险逐渐呈现。

一　货币困境

美元作为世界主导货币是一种国际金融公共产品，东亚各国的经济往来大都依靠美元来实现，但这必然造成货币错配，对东亚地区金融稳定带来威胁。货币错配是一种资产和负债、收入和支出使用不同的货币来计值，使得净收入对于汇率变动非常敏感的现象，可分为债务性货币错配和债权性货币错配两种。① 以 1997 年东亚金融危机为界的前后两个时期，东亚各国恰恰分别出现了上述两种货币错配，并对经济造成深远打击。

亚洲金融危机爆发之前，东亚国家得益于经济全球化，依靠巨额外国资本投资实现了经济高速增长。但与此同时，以外币计价的债务造成债务性货币错配，韩国、泰国、印度尼西亚、马来西亚等国家将短期外债用于长期投资，进一步加剧这种错配。当债务国的国内经济和国际收支状况都发展良好的时候，通常不会出现问题，但一旦债务国经济增长减速、国际收支恶化，国际资本就会对其失去信心，进而造成资本外逃，本币大幅贬值，而这又会加重外汇债务负担，最终导致债务危机或金融危机爆发。这也正是亚洲金融危机爆发的逻辑。危机爆发对东亚经济造成巨大损害，比如对日本、马来西亚、韩国、印度尼西亚和泰国等造成的产出损失占其国内生产总值（GDP）的比重分别达到 17.6%、50.0%、50.1%、67.9% 和 97.7%。②

亚洲金融危机之后，为克服美元带来的这种弊端，东亚各国出现了强烈增加外汇储备的意愿，以便维护本币币值稳定，同时也可适度压低本币币值，获得经常账户盈余，保持出口导向型发展。东亚生产网络的深化，客观上也扩大了各国外汇储备的规模，进而导致美元资产的大幅增加。但是东亚各国持有的巨额美元资

---

① 〔美〕莫里斯·戈登斯坦、菲利浦·特纳：《货币错配：新兴市场国家的困境与对策》，李扬、曾刚译，社会科学文献出版社，2005。
② 〔马来西亚〕沈联涛：《十年轮回：从亚洲到全球的金融危机》，杨宇光、刘敬国译，上海远东出版社，2013，第 255 页。

产储备远远超过其美元负债，又为其带来另外一种货币错配风险，即债权性货币错配。在这种情况下，本币面临升值压力，美元贬值会带来资产负债表的负效应，造成资产负债表恶化进而带来宏观经济金融风险；同时，本币升值会使本国商品相对价格上升，冲击出口企业，减少国内投资，进而引起通货紧缩，甚至出现"流动性陷阱"。

在由美国次贷危机引起的 2008 年国际金融危机中，美国凭借美元的主导性国际货币地位，实行量化宽松政策，如超发货币，对全球征收超额通货膨胀税，将危机的调整压力转嫁给他国，在美元贬值过程中，持有巨额美元资产储备的东亚国家自然损失最大。根据 IMF 估计，美元每贬值 1 个百分点，东亚各经济体就会遭受相当于美国 GDP 1% 的损失。[①] 正如前文所说，1976～2010 年美国依靠美元贬值获得的价值转移收入达到 2.27 万亿美元，可见美国一直有意依靠美元贬值来减轻债务负担，东亚国家持有巨额美元资产储备并不安全。此外，美国的量化宽松政策也使热钱涌入东亚地区，对危机的恐惧使东亚地区加速增持美债（见表 4 - 2），进一步加深了债权性货币错配。2009 年 4 月至 9 月，亚洲新兴市场国家持有的外汇储备总额以每季度 2580 亿美元的速度加速增长，远远超过之前一季度 150 亿美元的增长速度。[②] 而在 2013 年末量化宽松退出预期下，热钱又开始流出，东亚国家或地区增持美债的幅度收窄甚至规模下降。这种热钱的快速流入与流出对东亚地区的金融稳定与实体经济发展带来巨大威胁。

同时，东亚许多国家在国内金融市场未得到充分发展之时就过

---

① 王三兴、杜厚文：《超额储备、货币错配与金融风险——基于东亚实践的理论总结》，《当代亚太》2008 年第 6 期。

② Morgan, P. J., "Impact of US Quantitative Easing Policy on Emerging Asia," ADBI Working Paper, No. 321, 2011, p. 15.

早地实行了资本项目自由化，这造成该地区面对货币困境时显得更为脆弱。据估计，如果美国快速提高利率、实施紧缩货币政策，会导致中国、日本、韩国、东盟的经济增长率分别下降 0.79%、0.86%、0.98%、0.85%。[①]

表 4 - 2　东亚主要经济体持有美国国债的情况

单位：10 亿美元

年份	日本	中国内地	中国香港	新加坡	韩国	中国台湾	泰国	菲律宾	马来西亚
2007	581.2	477.6	51.2	39.8	39.2	38.2	27.4	—	—
2008	626.0	727.4	77.2	40.9	31.3	71.8	32.4	11.7	—
2009	765.7	894.8	148.7	39.2	40.3	116.5	33.3	11.7	11.7
2010	882.3	1160.1	134.2	72.9	36.2	155.1	52.0	20.1	11.5
2011	1058.1	1151.9	121.7	75.1	47.3	177.3	51.6	32.7	20.6
2012	1111.2	1220.4	141.9	99.3	47.5	195.4	53.6	36.8	19.3
2013	1182.5	1270.1	158.8	86.2	54.0	182.2	51.7	40.2	11.8
2014	1219.5	1268.4	158.2	98.1	57.5	179.4	41.3	34.6	9.6
2015	1122.4	1246.1	200.2	110.3	74.6	178.7	39.1	43.0	8.5
2016	1144.0	1185.1	191.5	105.8	90.2	190.0	50.7	40.1	13.6

注：2007～2013 年及 2015 年数据为当年 12 月末的数据，2014 年和 2016 年分别是 6 月末和 8 月末的数据。

资料来源：美国财政部"国际资本流动数据"（Treasury International Capital System），参见 https://www.treasury.gov/resource - center/data - chart - center/tic/Pages/ticsec2.aspx。

二　制度困境

正如前文美国将 IMF "私有化"所述，IMF 在东亚同样是美国

---

① 孙涛：《新常态下的结构调整》，载中国社会科学院经济学部编《解读中国经济新常态：速度、结构与动力》，社会科学文献出版社，2015，第 59 页。

维护其国家利益的工具，使东亚国家很难得到及时有效的救助，而且这些救助往往附有苛刻的政治条件。如在1997年东亚金融危机中，IMF对受援国消极救助并提出苛刻的政治、经济附加条件，背后潜藏的就是美国期望以此加速东亚国家金融自由化，打开东亚国家市场。如美国迫使韩国在IMF框架下接受救助，并以附加条件强迫韩国改变其对金融自由化的保守态度，触动了韩国的发展型国家模式。IMF对韩国提供了当时最大规模的救助贷款550亿美元，当然这远远低于美国在2008年金融危机中对AIG集团提供的首批贷款850亿美元，但也使得韩国的大银行基本被外资控股，为国家金融安全埋下隐患。

与IMF一样，美国主导的世界银行、亚洲开发银行也存在被其"私有化"的倾向，它们垄断了亚洲国家发展融资的公共产品，缺乏竞争者，造成世界银行和亚开行的机制官僚化、运行低效，对于受援国强加政治、经济条件。此外，目前众多亚洲国家处于工业化、城市化发展阶段，对于基础设施建设有着巨大的资金需求，据测算未来每年亚洲国家基础设施建设资金需求达到7300亿美元，而世界银行与亚开行每年只能满足约300亿美元的资金，存在巨大的资金缺口，但是即便在这种情况下，美日为阻止中国在世界银行与亚开行中获得重要地位，只同意通过有限增资的方式来弥补资金缺口，这就造成效率型国际金融公共产品的供给不足。

三 结构困境

在美元体系下，当前的国际分工与国际贸易格局必然造成东亚与美国经济失衡。20世纪八九十年代，包括中国在内的东亚新兴市场国家开始加入美国主导的国际分工与国际贸易体系中，并且大都选择美元作为主要交易与储备货币，成为美元体系的重要支柱，所谓的"复活的布雷顿森林体系"① 得以形成，但也造成东亚与美国的经济失衡。21 世纪以来，国际分工出现新形态，主要体现为金融服务业与制造业间的分工。② 美国凭借强大的金融实力和科学技术优势占据了金融服务业的制高点，而东亚国家凭借充沛的劳动力成为重要的制造业国家。当前的国际贸易格局体现为产品内贸易，东亚地区在此背景下形成了一个生产网络，美国是最终商品的消费市场。从表 4 - 3 可以看出，东亚地区对美国市场的依赖程度虽然自 20 世纪 90 年代大幅下降，但仍然远高于其他地区，其与欧盟 20 世纪 80 年代推进共同货币时期进行比较发现，1997 年和 2008 年美国为东亚地区提供最终商品市场规模占东亚区域内最终商品消费市场的比重③分别为 80.50% 和 80.40%，而 1986 年和 1997 年美国对欧盟的这一数据分别只有 19.16% 和 14.10%。这种对美国市场的过度依赖造成东亚对美元的过度需求，从而使得美国与东亚在国际收支上处于赤字与盈余的两端。而在美元体系下，美国可以通过发行美元和凭借发达的金融市场将东亚国家的盈余吸引回流来为赤字融资。海外资金对于美国债券的购买和海外廉价商品的流入压低了美国的利率，刺激了美国的经济增长，并且这种高于 OECD 平均水平的经济增长又强化了外国资本的流入。④ 于是美国负债大量增加，东亚国家则积

---

① Michael, P. Dooley, David Folkerts-Landau, and Peter Garber, "An Essay on the Revived Bretton Woods System," NBER Working Paper, No. 9971, 2003; Michael, P. Dooley, David Folkerts-Landau, and Peter Garber, "The Revived Bretton Woods System: The Effects of Periphery Intervention and Reserve Management On Interest Rates," *National Bureau of Economic Research*, 2004; Michael, P. Dooley, David Folkerts-Landau, and Peter Garber, "Bretton Woods II Still Defines the International Monetary System," NBER Working Paper, No. 14731, 2009.

② 徐建炜、姚洋:《国际分工新形态、金融市场发展与全球失衡》,《世界经济》2010 年第 3 期。

③ 美国为东亚地区提供最终商品市场的规模与东亚区域内最终商品贸易规模之比，以此来衡量该地区对美国商品市场的依赖程度。

④ Herman, M. Schwartz, *Subprime Nation: American Power, Global Capital, and the Housing Bubble*, Cornell University Press, 2009

累大量美元资产储备，美国与东亚国家的经济失衡就这样发生了。这种失衡虽然是在一定限度内持续的，但若持续扩大最终必然导致危机爆发。在某种程度上可以说，2008 年全球经济危机的发生与这种失衡是具有高度相关性的。

表 4 - 3　对美国最终商品市场依赖度

单位：%

	1986 年	1997 年	2008 年	2012 年
美国/东亚	269.14	80.50	80.40	67.17
美国/欧盟	19.16	14.10	11.38	13.81
美国/南方共同市场	333.13	43.05	40.30	30.81

　　注：数据表示美国为某一区域提供最终商品市场规模与该区域内贸易最终商品市场规模之比。1986 年、1997 年为欧盟 15 国数据，2008 年、2012 年为欧盟 27 国数据。

　　资料来源：RIETI-TID 2016，参见 http：//www.rieti.go.jp/cn/projects/rieti - tid/。

第五章

国际层面中国参与全球金融
体系治理变革的考察

对于全球金融体系治理近百年的历史来说，中国是一个新来者，由于历史原因，1980 年中国才恢复了其在国际货币基金组织和世界银行中的席位。不过那时中国还处于改革开放初期，并没有过多地参与全球金融治理事务，其治理活动大多局限于处理与国际货币基金组织和世界银行等国际金融组织的关系，可以说那时中国是一个"搭便车"者，是当时体系的一个跟随者。但是随着中国加入世界贸易组织和经济的起飞，中国经济与世界经济已密不可分，已经成长为世界经济和政治中不可忽视的力量。从 21 世纪开始，中国越来越积极地参与全球金融体系治理，由于美国将国际金融公共产品"私有化"及倾向于滥用联产品，并且美国不再允许中国"搭便车"，所以变革全球金融体系治理是中国维护自身利益的必由之路。

第一节　国际金融权力结构下中等强国参与
全球金融体系治理变革的行为分析

在前文第二章国际金融公共产品供给激励部分就提到过国际金

融权力结构激励，本部分将对这种国际金融权力结构做进一步的分析，抽象出中等强国在一极的国际金融权力结构下的金融外交互动行为模式，希望为中国参与变革全球金融体系治理提供一些启示。

一　国际金融权力结构下不同实力国家的行为激励

根据结构现实主义理论，以货币的基础性权力替代现实主义中的国家权力，构成一个国际金融权力结构。肯尼思·沃尔兹（Kenneth Waltz）在构建结构现实主义理论时认为，只要各组成部分的排列相似，结构定义可以运用于不同内容的领域，为此，为某一领域建构的理论经过一些修改可以适用于其他领域。[①] 本书的国际金融权力结构的排列原则依然是无政府状态，而能力分配由原来的综合国力替换为国际金融实力。根据这一国际金融权力结构视角，认为国际金融权力结构塑造一国的货币金融行为，亦即一国在特定的国际金融权力结构下，根据其所处的位置，有特定的行为模式，顺从它会得到奖励，违背它会受到惩罚。这一视角对于解释一国的金融外交行为有很强的适用性。

国际金融权力霸权国由于缺乏对其他国家的有效制衡，其倾向于滥用由提供国际金融公共产品所带来的联产品，并且为护持霸权而打压潜在挑战国。如美国在应对次债危机时滥发货币，向全世界征收超额通货膨胀税，将危机的调整成本转嫁给世界各国，又在近期经济有好转倾向之时，不顾他国反对，退出量化宽松政策，造成资本从新兴市场国家流出，在这些国家之中造成金融市场动荡。

国际金融权力中等强国具有一定实力，但霸权国的存在，使其不敢随意使用由供给国际金融公共产品所带来的政治影响力。对于国际金融权力霸权国其在有利可图时倾向于采取追随政策，但在利

---

① 〔美〕肯尼思·沃尔兹：《国际政治理论》，信强译，上海人民出版社，2008，第79页。

益受损时会有制衡倾向。对于国际金融权力小国其一般采取拉拢政策，以此增强自身实力。对于实力相近的国家，面对一极结构，其一般情况下是既竞争又合作。如中日都争取获得在与东盟货币合作中的领导权，并且为东盟提供大量国际金融公共产品。

国际金融权力小国由于实力弱小，不为霸权国所敌视，并且受到中等实力强国的重视，所以其有采取追随、"搭便车"的策略倾向，但也由于实力弱小，其在面对霸权国与中等强国时倾向于联合起来，以发出更"响亮"的声音。

二 国际金融权力中等强国的金融外交互动行为模式

中国可以被视为国际金融权力中等强国，所以本部分试图抽象出中等强国在一极国际金融权力结构下的金融外交互动行为模式。

第一，国际金融权力中等强国变革全球金融体系治理的动因：中等强国 vs. 霸权国。霸权国倾向于滥用国际金融霸权，是不公正的全球金融体系治理的既得利益者，是变革体系的阻碍者，并且为护持霸权而打压潜在挑战国，而中等强国在未发展到对霸权国构成威胁前，可以"搭便车"享用霸权国提供的国际金融公共产品，但当其发展到一定程度之时，霸权国会无力承担其"搭便车"的行为，并且会因其对霸权国构成潜在挑战而遭到打压，这便构成了中等强国变革体系的动因。由于国际金融权力是一种依赖性权力，所以这也触动了中等强国的反依赖倾向，其推行本币国际化、区域货币合作等来摆脱对霸权国的依赖。

第二，国际金融权力中等强国是变革全球金融体系治理的关键：中等强国 vs. 中等强国。一方面中等强国随着实力的增长，其进一步发展受到霸权性国际金融体系的阻碍，并且受到霸权国滥用霸权的打压，因此有着共同的制衡利益与合作动机；另一方面中等强国由于其在国际金融权力结构中的位置相近，所以其又有竞争的一面，同时由于中等强国的实力很大，对于一国能否成功制衡霸权国有着重要作用，所以能否争取到中等强国的合作而非竞争是一国变革全球金融体系治理的关键。

第三，国际金融权力小国是变革全球金融体系治理的基础：中等强国 vs. 小国。国际金融权力小国由于实力弱小，不得不依赖于国际金融权力霸权国，而当受到霸权国滥用霸权的打压时会触发其反依赖倾向，使它们的依赖转向其他强国。由于国际金融公共产品往往是为小国服务的，所以小国的支持对产品供给有着重要影响。它们又与中等强国在结构上有一定差距，所以中等强国会为了长远利益考虑来为它们提供国际金融公共产品以取得它们的支持，国际金融权力小国是国际金融权力中等强国变革全球金融体系治理的基础。

第二节 变革美国金融霸权体系治理的结构路径：基于国际金融权力指数的探索

国际金融权力是国际金融公共产品供给的实力基础，也是决定全球金融体系治理中地位的权力基础，所以如何变革全球金融体系治理也可以从国际关系理论中的结构现实主义获得启示。作为崛起国的中国可以从外部合作制衡与内部增强自身国际金融权力两种路径来变革美国的国际金融霸权体系治理。

一 外部制衡策略选择的依据：后起国所处国际金融权力体系现状

对于国际金融权力体系格局如何、美国金融地位在危机之后是否衰落等问题，学者大多基于定性上的分析，认为 2008 年国际金融危机后美国的金融霸权地位开始受到新兴市场国家的削弱。如李巍认为以 2008 年国际金融危机的爆发为分水岭，中美两国的国际金融地位发生了相反方向的变化，即中国的金融地位日益强化，而美国的金融霸权地位则有所削弱。[①] 也有学者从货币区驻锚货币的角度进行分析，如徐奇渊、杨盼盼基于状态空间模型的时变参数回归，发现美元影响力的下降恰恰发生在金融危机之前，而在 2008 年之后，美元在东亚的地位反而得到增强，同时人民币受到削弱。[②] 可见对这一问题也是存在不同认识的，本部分将基于国际金融权力指数来对后起国所处的国际金融权力体系环境如何做出自己的回答。

（一）从国际货币体系到国际金融权力体系的跨越

正确认识国际货币体系有助于对其产生的结果进行解释与预测，如国际货币体系的竞争程度、货币关系的波动程度、危机风险、收入与财富分布及权力的使用和限制等。[③] 对于当前国际货币体系的判断，一般是以国际货币流通范围或者说是货币国际化水平作为分析基础的，并用极（Polarity）的概念进行描述，如巴里·艾肯格林（Barry Eichengreen）认为当前国际货币体系中美元仍处霸权地位，但未来将形成美元、欧元、人民币的多元格局。[④] 从前文的理论思考中可知，这种国际货币体系是一种以货币的权力为基础的体系，因此这种体系并不能准确勾勒出国际货币金融权力的格局，也就不能判断出一国在国际金融治理中的地位与作用。如人民币以国际货币水平进行衡量，其实力很小，但中国在国际金融治理中的实力与地位是毋庸置疑的，再如美国在应对 2008 年金融危机时抛开 IMF 转而向拥有巨额外汇储备资产的发展中国家寻求资金援助，而新兴市场

---

① 李巍：《中美金融外交中的国际制度竞争》，《世界经济与政治》2016 年第 4 期。

② 徐奇渊、杨盼盼：《东亚货币转向钉住新的货币篮子?》，《金融研究》2016 年第 3 期。

③ Benjamin, J. Cohen, Tabitha M. Benney, "What Does the International Currency System Really Look Like?," *Review of International Political Economy*, Vol. 21 (5), 2014.

④ Barry, Eichengreen, *Exorbitant Privilege: The Rise and Fall of the Dollar and the Future*, NY: Oxford University Press, 2011.

国家虽没有强大的国际货币，但其外汇储备正是美国应对金融危机的借款来源，也正是由此全球金融治理机制开始由传统 G7 向 G20 转变，新兴市场国家获得了更大舞台。[1] 也就是说，我们不仅要认识国际货币体系，同时也要准确描绘出国际货币金融权力的格局。以货币金融权力为基础进行国际金融权力体系的分析，有助于我们认识国际货币金融领域的合作与竞争、国际金融治理的现状与发展及一国在其中的地位与作用。

（二）国际金融权力体系概况及其影响

本部分将从"极"和集中度（Concentration）两个角度对国际金融权力体系的概况进行基本描述并分析其影响。

第一，我们先从最常用的"极"的角度来考察国际金融权力体系。在国际政治研究中通常使用单极、两极等来描述国际政治权力结构分布状况，并以此分析不同结构对于国家行为的影响。根据 Edward 的定义，我们把体系中最强实力国和能达到其实力 50% 及以上的国家称为极。[2] 图 5 – 1 是国际金融权力体系结构分布的状况，横坐标是年份，纵坐标是各个国家的国际金融权力指数值与当年最高指数值的比率，0.5 处的横线是"极"与非"极"的分界线，在横线之上可称为极，图中的各个小圈则代表世界 167 个国家和地区的国际金融权力指数值。从中可以直观地看出 1995～2012 年国际金融权力体系结构分布状况，在这 18 年的跨度中，国际金融权力体系一直为单极结构，意味着最强国倾向于滥用其霸权实力，在 1999 年欧元出现后欧元区成为唯一一个有望成为第二极的地区，在 2007 年是体系最接近

---

[1] 崔志楠、邢悦：《从"G7 时代"到"G20 时代"——国际金融治理机制的变迁》，《世界经济与政治》2011 年第 1 期。

[2] Edward, D. Mansfield, "Concentration, Polarity, and the Distribution of Power," *International Studies Quarterly*, Vol. 37（1），1993, pp. 105 – 128.

两极的时刻。同时也可以看出，如果以 0.3 为界，在这 18 年中能称得
上金融权力强国的只有欧元区、日本、中国，此外小部分国家可划分
为金融权力中等强国，但绝大部分国家都属于金融权力小国。从横线
下方的左侧往右侧看，从 1997 年、1998 年的半真空到之后逐渐有圆
圈出现，可见有小部分国家开始冲击单极结构的稳定性，但仍然不足
以真正变革体系结构，不过如果几个国家或地区联合起来便可有望制
衡霸权国，因为几个国际金融权力指数值相加之后就可以达到霸权国
金融权力指数值的 50%，也就是说可以达到制衡的实力门槛。

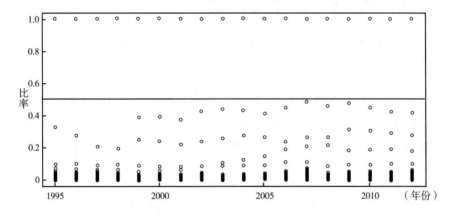

图 5 - 1　国际金融权力体系结构分布

资料来源：笔者自制。

第二，我们再运用赫芬达尔－赫希曼指数（Herfindahl-Hirschman
Index，HHI）来计算国际金融权力集中度，以此考察该体系的竞争
性变化。HHI 是产业组织学中用来测量产业集中度的指数，集中度
越高，市场竞争也就越低，计算公式是 $HHI = \sum S_i^2$，S_i 表示第 i 个
企业所占市场份额，其取值是在 0 和 1 之间，取值越大表明市场集
中度越高，竞争越小，反之则集中度越低，竞争越大。该指数的分析
是建立在产业组织理论哈佛学派贝恩的市场结构（Structure）－市场行
为（Conduct）－市场绩效（Performance）分析框架（简称 SCP 分析

框架）假定之上的，即在集中度高的市场结构中，少数几个大企业倾向于共谋、协调行为以及通过市场进入壁垒限制竞争，由此削弱市场竞争性。[①] HHI 与前 N 家企业产业集中比率（CR_n）是比较常用的测集中度的方式，但 CR_n 只是前 N 家企业的市场份额加总，不能反映市场内部份额的分配结构，如两组市场份额，即 0.2、0.2、0.2、0.2、0.2 和 0.80、0.05、0.05、0.05、0.05，用 CR_n 计算出的结果都是 1，但用 HHI 计算出的结果分别是 0.2 和 0.65，显然 HHI 更能反映出市场结构信息，所以此处选择 HHI 进行衡量国际金融权力集中度。在此之前赫尔曼·施瓦茨（Herman M. Schwartz）和本杰明·科恩（Benjamin J. Cohen）都曾借鉴以上两种方法用以分析货币金融问题，其中施瓦茨用这两种方法分析了美元证券市场中外资持有份额集中度问题，而科恩用来测量国际货币体系集中度，并以此考察体系竞争性。[②]

本部分将以此考察国际金融权力体系集中度，分析国际金融治理中的竞争性。由此重新解读 HHI 计算公式，则 S_i 表示一国金融权力占全球的比重，指数取值为 0～1，取值越大表明国际金融权力体系集中度越高，则竞争性越小，反之集中度越低，竞争度越高。此外，美国司法部反托拉斯局依据 HHI 将市场分为低集中度市场（HHI 低于 0.10）、中集中度市场（HHI 在 0.10～0.18）、高集中度市场（HHI 在 0.18 之上）。如表 5－1 所示，国际金融权力体系一直处于中高集中度状态，1995 年、1996 年、2007 年、2009 年、2010 年、2011 年、2012 年为中集中度状态，有一定的竞争性，1997～2006 年和 2008 年为高集中度状态，竞争性较小，可以看出国际金融权力体系总体经历了从初期 1995 年、1996 年的中集中度向之后十年的高集中度转变，再到余

① 苏东水主编《产业经济学》，高等教育出版社，2000。
② Herman, M. Schwartz, *Subprime Nation: American Power, Global Capital, and the Housing Bubble*, Cornell University Press, 2009; Benjamin, J. Cohen, Tabitha M. Benney, "What Does the International Currency System Really Look Like?," *Review of International Political Economy*, Vol. 21 (5), 2014.

下几年向中集中度转变的过程。可见，虽然从结构上体系一直处于单极状态，但从集中度角度来看，体系是存在变化的，其竞争性经历了中—低—中集中度的转变，其中在集中度转为中等水平时 2008 年反弹至高集中度，说明全球金融危机对中小国家的损害大于强国，危机使权力集中度短暂上升。从实践上来看，在中集中度阶段，国际金融权力体系存在一定的竞争性，有利于国际金融体系治理变革，也正是在此阶段，一直试图挑战美元霸权的日本开始谋划亚洲货币基金（AMF）。如 1996 年秋，三菱银行国际货币事务所成立了区域货币基金研究组，日本前大藏省国际事务副财务大臣行天丰雄（Toyo Gyoten）深度介入此项研究，该小组在 1997 年初发表了倡议创建 AMF 的论文，但是在日本正式提出时遭美国和 IMF 的反对而失败，而此时其金融权力体系集中度也恰好转为高集中度，竞争性变小。[①] 其金融权力体系集中度再次转为中集中度是在 2007 年之后，也正是在此阶段全球金融治理机制实现了从 G7 到 G20 时代的转变，IMF 也于 2010 年通过了份额改革方案，给予了新兴市场国家更大的份额与权力。虽然不能确认以上事件与权力集中度有必然因果关系，但可推断出两者之间的一些联系。如在金融权力体系集中度低时各国互相竞争，最终一国或几国发展成为强国，并开始护持霸权，此时集中度上升，随着各国实力的此消彼长，强国开始衰弱，小国开始崛起，集中度下降，后起国不满意旧秩序，开始新的争夺，进入一个新的循环。此外，本书计算的国际金融权力体系集中度相较科恩计算的国际货币体系集中度更适合应用于全球金融治理等方面的分析，因为科恩所得指数一直处于高集中度状态，甚至是 0.3 以上水平的高垄断、低竞争体系，而这与现实并不相符。[②]

[①] Hamanaka, Shintaro, "Reconsidering Asian Financial Regionalism in the 1990s," ADB Working Paper, 2009.

[②] Benjamin, J. Cohen, Tabitha M. Benney, "What Does the International Currency System Really Look Like?," *Review of International Political Economy*, Vol. 21 (5), 2014.

表 5 - 1　1995~2012 年国际金融权力体系 HHI

年份	1995	1996	1997	1998	1999	2000	2001	2002	2003
HHI	0.166	0.177	0.197	0.216	0.241	0.241	0.246	0.229	0.219
年份	2004	2005	2006	2007	2008	2009	2010	2011	2012
HHI	0.212	0.202	0.192	0.179	0.183	0.177	0.173	0.177	0.175

资料来源：笔者自制（HHI 保留 3 位小数）。

（三）美国金融霸权是否衰落与新兴市场国家是否崛起

有观点认为自 2008 年金融危机以来，美元霸权正在衰弱，而以金砖国家为代表的新兴市场国家正在迅速崛起，并挑战美国金融霸权，但事实真的如此吗？从图 5 - 2 我们可以看到国际金融权力体系一直处于单极结构，美国霸权还未遇到真正的挑战国，而从图 5 - 3 我们也确实看到体系竞争性正在上升，那么我们接下来再从国际金融权力指数的趋势上看美国霸权是否衰落与金砖国家是否崛起。从总体趋势上看（见图 5 - 2），美国金融权力确实存在总体下降趋势，而金砖国家存在总体上升趋势，但美国金融权力的下降是从 2002 年开始的，而非 2007 年，事实上美国金融权力的下降趋势是在 2007 年触底的，而金砖国家的上升趋势恰好是在此阶段停滞的，显然美国金融权力从绝对值上来看确实是总体在下降，但相对来看，仍然独享霸权，所以美国金融霸权自金融危机以来衰落了是不准确的认识。此外，从美国金融权力在 2008 年全球金融危机时的反弹来看，这充分体现了霸权国可利用系统紊乱（Structural Disruption）获利的能力，即虽然金融危机也为美国带来损失，但对其他国家的损失更大，而权力是相对的，则美国的金融权力相对上升。[①] 再来看金砖国家，BRICS[②] 存在

[①] Henning, C. Randall, "The Exchange Rate Weapon, Macroeconomic Conflict and Shifting Structure of the Global Economy," EUI Working Paper, No. 11, 2005, p. 16.

[②] BRICS 指巴西、俄罗斯、印度、中国、南非。

一个总体显著大幅上升的趋势，并且从图5－3来看，其曾一度接近制衡美国霸权的实力门槛，从这里看，以金砖国家为代表的新兴市场国家确实崛起了，并且有望挑战美国霸权。但是如果将中国拿出，单看其他四国 BRIS①，我们会发现尽管有小幅上升，但总体来讲还远谈不

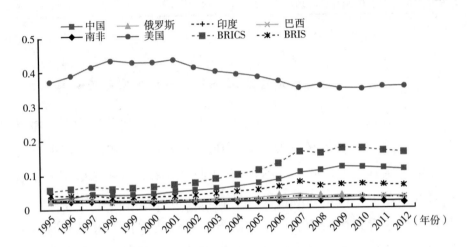

图5－2　美国与金砖国家国际金融权力指数

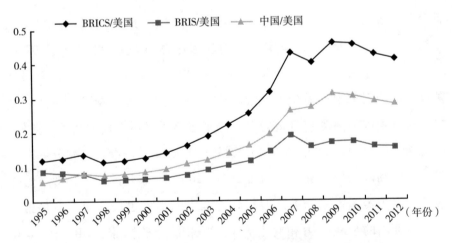

图5－3　中国、BRICS、BRIS 与美国国际金融权力指数的比值

① BRIS 指巴西、俄罗斯、印度、南非。

上对美国霸权的挑战，从这里看，新兴市场国家可以说是相对快速发展，但所谓崛起和制衡美国金融霸权只是一句空谈。结合以上两个方面来看，新兴市场国家的崛起主要是中国的崛起，而单凭中国的实力并不能挑战美国金融霸权，所以中国与其他金融权力中等强国、小国相互合作才能达到制衡的实力门槛。

二 内部制衡策略的选择：提高国际金融权力的路径

（一）国际金融权力"工业发展型"的理论模型阐述

由于学术界对货币政治研究的关注度仍然不高，再加上其一般把国际货币权力等同于国际货币带来的好处，所以很少有研究聚焦于如何提高国际货币权力或国际金融权力，大多数只是关注如何提升货币国际化水平。[①] 当然国际货币是国际金融权力的重要组成部分，所以前人对于它的探讨对我们研究国际金融权力具有很大的参考价值。对于货币国际化的研究，经济学者一般把它"置换"为如何实现资本项目自由化的讨论，而国际政治经济学学者赵柯认为，这源于有人片面地将英美两国的经验简单地解读为"强大而开放的金融市场——本币国际化"这一路径，使得通过对外开放金融业的"金融型"国际化道路被视为唯一方式，进而忽视了德国所走的"工业型"国际化道路，即德国以强大的工业竞争力为核心打造了一条全球产业链和相关生产要素的交易与分配网络，在这个网络里，马克是绝对主导的支付清算货币。他通过对德国"工业型"和日本"金融型"货币国际化道路进行对比研究，认为简单地解除资本管制并不能构成一国货币国际化可持续、强有力的支撑，"工业

---

① 关于国际货币理论的文献综述可参见：Hyoung-Kyu, Chey, "Theories of International Currencies and the Future of the Monetary Order," *International Studies Review*, Vol. 14, 2012, pp. 51 – 77。

型"的货币国际化之路才是大国特别是后起大国更好的选择。① 虽然德日两国可能选择了不同的货币国际化道路，但事实上两国都是制造业强国，并且两国都或早或晚地实现了资本项目自由化。日本同样拥有着世界一流的工业竞争力，但工业未能将日元推向如马克一样的成功可能更多的是源于其贸易结构。日本的贸易结构使其对外贸易多以美元计价：在进口上，日本主要进口原材料，而美元主导着大宗商品的市场计价；在出口上，尽管日本公司已经将生产基地转移到亚洲其他国家，但是只要出口的最终目标市场是美国，通常就会倾向于用美元计价，这就造成甚至从日本总部到亚洲生产子公司的出口都被美元占据。② 同时，德国的"工业型"道路也并非一帆风顺，马克国际化也曾因对出口企业竞争力的保护和特殊产业结构下金融发展的极端落后而受到限制。③ 这和日元国际化失败有着共同之处，即大力发展工业的国家往往通过银行来调控资金流向，通过贷款控制企业，日本更是典型的发展型国家，这样虽然能推动工业竞争力的提升，但不利于金融市场的发展，尤其是在利益集团固化后更会阻碍其发展，而这又会造成货币国际化缺乏发达金融市场的支撑，进而受到制约。此外，德国在 1984 年 12 月实现了资本项目自由化，这显然对马克之后的国际化发展有着重要影响，所以很难将马克后来达到的国际化水平简单地归功于"工业型"。由以上分析我们可以发现，任何一国都并非完全地实行"工业型"或"金融型"发展方式，而更多时候是两者同时存在于一国之中，所以单纯的定性研究很难将一国的"工业型"

---

① 赵柯：《工业竞争力、资本账户开放与货币国际化——德国马克的国际化为什么比日元成功》，《世界经济与政治》2013 年第 12 期。

② Takatoshi, Ito, Satoshi Koibuchi, Kiyotaka Sato, and Junko Shimizu, "Why Has the Yen Failed to Become a Dominant Invoicing Currency in Asia? A Firm-level Analysis of Japanese Exporters' Invoicing Behavior," NBER Working Paper, No. 16231, 2010, p. 24.

③ 付敏、吴若伊：《德国马克国际化及其对中国的启示》，《经济理论与经济管理》2014 年第 4 期。

和"金融型"进行分离，也就难以得出令人完全信服的结论，而定量研究可以做到这一点。当然，我们并不否认工业竞争力对于货币国际化的重要性，只是我们认为两者并非简单的线性关系，而是存在非线性关系，即初期工业竞争力的增长有助于货币国际化的提升，但随着利益集团的形成与工业依赖，会阻碍金融市场的发展，进而制约货币国际化，也就是存在一条先上升后下降的"倒 U 形"曲线。这里需要强调的是并非工业竞争力本身的上升阻碍了货币国际化，而是伴随其发展而产生的利益集团固化与产业结构畸形发展阻碍了货币国际化，这种利益集团来自官僚、银行、出口企业等既得利益者。鉴于国际货币是国际金融权力的重要组成部分，而工业竞争力对于货币国际化具有重要作用，同时其可通过增加出口获得外汇储备及其畸形发展亦可影响金融市场的健康发展，使其对国际金融权力也至关重要，所以本部分将探寻工业竞争力与国际金融权力的关系，猜想两者同样是"倒 U 形"关系，即初期工业竞争力的发展推动国际金融权力的发展，但随着利益集团的固化与工业、金融结构的不协调发展，开始阻碍国际金融权力进一步提高。总之，试图解答国家的发展方式是"工业型"还是"金融型"更为有利于国际金融权力的发展。

此外，本书还将通过国际金融权力指数值进一步按"顶级金融权力强国 > 0.3 > 一流金融权力强国 > 0.3^2 > 二流金融权力强国 > 0.3^3 > 三流金融权力强国 > 0.3^4 > 中等金融权力国 > 0.3^5 > 金融权力小国 > 0.3^6 > 金融权力极小国 > 0.3^7 > 金融权力失败国"把总体样本细分为 8 档，并以 0.3^7 为界，分为金融权力正常组和失败组两部分，对两组分别进行回归分析，以此探寻正常国和失败国在发展金融权力时是否有着不同的适当模式。[1]

[1] 此处均以 0.3 为底数是为显示其客观性，同时 Carla 也采用类似划分方式。Norrlof, C., "Dollar Hegemony: A Power Analysis," *Review of International Political Economy*, Vol. 21 (5), 2014, p.1050。

（二）计量模型设定

承接上文，我们认为工业竞争力与国际金融权力同样是非线性关系，存在"倒 U 形"曲线关系，所以将模型设定为二次项形式，如下：

$$FPI_{it} = \beta_0 + \beta_1 \, CIP_{it} + \beta_2 \, CIP_{it}^2 + \beta_3 \, X_{it} + \beta_4 \, CC_{it} + \varepsilon_{it}$$

其中，i 表示国家，t 表示年份，被解释变量 FPI_{it} 是 i 国 t 年的国际金融权力，解释变量中 CIP_{it}、CIP_{it}^2 是工业竞争力的一次项和二次项，以工业竞争力来代指"工业型"，X_{it} 是其他对国际金融权力有重要影响的控制变量，CC_{it} 是资本项目自由度，以其来指代以放开资本管制为特征的"金融型"，ε_{it} 为随机扰动项。在控制变量的选择上，因为前人少有相关研究著述，所以我们根据公认的一些观点进行选择，其中最重要的是一国的规模对货币金融权力的作用，这里选择经济规模（GDP）作为规模指标，此外，经济环境、汇率稳定性、通货膨胀率也被选作控制变量。

（三）变量与数据说明

1. 国际金融权力（FPI_{it}）

本书使用我们在第一部分时构建的国际金融权力指数来作为衡量国际金融权力的指标，其取值为 0~1，数值越大则国际金融权力越大。

2. 工业竞争力（CIP_{it}）

这里使用联合国工业发展组织提供的国际工业竞争力指数（Competitive Industrial Performance Index，CIP）来衡量一国工业竞争力，取值为 0~1，数值越大则工业竞争力越强，以其指代"工业型"。

3. 资本项目自由度（CC_{it}）

以资本项目自由度指数（CC_{it}）[①] 来衡量资本账户开放水平，取

[①] 朱冰倩、潘英丽曾选用此指标在构建资本账户开放度模型时作为解释变量。朱冰倩、潘英丽：《资本账户开放度影响因素的实证分析》，《世界经济研究》2015 年第 7 期。

值为 0 ~ 10，数值越大，资本账户开放水平越高，以其指代以放开资本管制为特征的"金融型"，数据来源为加拿大 Fraser Institute。

4. 其他控制变量（X_{it}）

以 GDP 占全球经济的比重（*GDPR*）衡量 GDP 规模，预期符号为正，数据来源于世界银行数据库；以经济自由度（*EF*）衡量一国经济环境，分值为 0 ~ 10，分值越大则经济环境越好，预期符号为正，数据来自加拿大 Fraser Institute；以汇率波动（*ER*）衡量汇率稳定性，汇率波动由笔者用汇率指数月度数据取对数，然后进行一阶差分后求标准差算出，数值越大则汇率波动越大，预期符号为负，数据来源于 IMF 数据库；通货膨胀率选取按消费者价格指数衡量的通货膨胀（*CPI*），预期可控的通货膨胀和金融权力正相关，不可控的通货膨胀和金融权力负相关，数据来自世界银行数据库。

（四）估计方法与估计结果分析

本书使用普通最小二乘法、固定个体和时间效应的固定效应模型对 167 个国家和地区 1995 ~ 2012 年的面板数据进行回归分析，结果如表 5 - 2 所示。

表 5 - 2　回归结果

	（1） *FPI*	（2） *FPI*	（3） *FPI*	（4） *FPI*	（5） *FPI*
CIP	0. 0108 ** （2. 20）	0. 0176 ** （2. 14）	0. 0108 * （1. 71）	- 0. 0000376 （ - 0. 99）	- 0. 000111 *** （ - 3. 06）
CIP^2	- 0. 177 *** （ - 12. 68）	- 0. 194 *** （ - 9. 32）	- 0. 0401 *** （ - 2. 89）		
GDPR	1. 510 *** （136. 08）	1. 516 *** （104. 55）	0. 706 *** （39. 35）	0. 157 *** （17. 23）	0. 171 *** （6. 95）
EF	0. 00109 *** （3. 14）	0. 00318 *** （4. 63）	0. 000915 ** （2. 19）	0. 0000180 *** （6. 35）	- 0. 00000303 （ - 0. 83）

续表

	(1) *FPI*	(2) *FPI*	(3) *FPI*	(4) *FPI*	(5) *FPI*
ER	-0.0866*** (-4.47)	-0.199*** (-5.40)	-0.00616 (-0.45)	-0.000495*** (-3.34)	-0.000295*** (-2.76)
CPI	0.0000192 (1.09)	0.000102* (1.80)	0.0000371* (1.87)	8.96e-09 (0.08)	0.000000189 (1.13)
CC	-0.0000483 (-0.55)	-0.000215 (-1.33)	0.000129 (1.44)	0.00000229*** (3.29)	0.00000369*** (4.86)
_cons	-0.00696*** (-3.21)	-0.0209*** (-4.69)		-0.0000628*** (-3.64)	
R^2	0.9650	0.9665	0.9978	0.5015	0.8549
Adj R^2	0.9648	0.9662	0.9975	0.4964	0.8329
N	1347	756	756	591	591

注：小括号内为参数估计的 t 统计值；***、**、* 分别代表 1%、5%、10% 的显著性水平。

一共五组回归结果（见表 5-2），分析如下。

第一组是使用普通最小二乘法对整体样本的回归。从回归结果上看，工业竞争力的一次项和二次项都通过了显著性检验，且一次项系数为正，二次项系数为负，说明工业竞争力与国际金融权力确实存在非线性关系，即"倒 U 形"曲线关系，工业竞争力的初始上升会促进金融权力的增长，但达到某一值后会阻碍金融权力的增长。需要注意的是，两者是相关关系，而非因果关系，也并非工业竞争力直接阻碍金融权力的增长，而是在此过程中形成的利益集团与产业结构畸形发展阻碍了金融权力的增长，总而言之，验证了适当的"工业型"道路可提高国际金融权力。其他控制变量也基本符合预期：GDP 占全球经济的比重的符号为正，符合经济规模与金融权力正相关的预期；经济自由度也是正相关且显著，符合一国经济环境越好，金融权力越强的预期；汇率波动符号为负且显著，符合预期，汇率不稳定会影响对一国货币的信心，汇率波动大时需要使用货币金融资源来稳定汇率，这都对金融权力造成负面影响；CPI 为正相关但不显著。最后是资本项目自由度指数，其和金融权力相关关系并不显著，也就是说"金融型"道路很少会促进金融权力的发展。所以，适当的"工业型"道路是发展金融权力的更好选择。

第二组和第三组是分别使用普通最小二乘法、固定个体和时间效应的固定效应模型对正常组样本进行回归的结果。可以看到正常组的回归结果基本与第一组保持一致，核心变量工业竞争力依然与金融权力呈"倒 U 形"关系，资本项目自由度与金融权力的相关关系依然不显著，其他控制变量也基本保持稳定，所以对于金融权力正常国来说，适当的"工业型"道路仍然是发展金融权力的最佳选择。

第四组和第五组是分别使用普通最小二乘法、固定个体和时间效应的固定效应模型对失败组样本进行回归的结果。可以看到这两组结果和之前有所不同，控制变量基本保持稳定，而核心变量工业竞争力变为不显著或负相关且显著，这可能是因为在金融权力失败国内部存在诸多问题，如果要发展工业的话会更扭曲工业、金融结构，而资本项目自由度变为正相关且显著，可能是因为放松管制会吸引更多金融资本。也就是说对于金融权力失败国来说，"金融型"取代"工业型"成为发展金融权力的最优选择。

三 小结

本书通过构建 1995～2012 年全球 167 个国家和地区的国际金融权力指数及相关探索，为崛起国如何变革国际金融霸权体系治理提供了有益的参考。结论如下。第一，关于后起国所处国际金融权力体系环境，本书认为国际金融权力体系一直为单极结构，但从金融权力集中度来看，国际金融权力体系经历了从中集中度到高集中度再到中集中度的转变，与之相对应的体系竞争性为中竞争性—低竞争性—中竞争性。通过美国和以金砖国家为代表的新兴市场国家的金融权力指数折线图来看，美国金融权力虽然从 2002 年开始有所下降，但仍独享霸权，所谓 2008 年全球金融危机使美国金融霸权衰落是不正确的认识，且美国金融权力恰好在 2007 年触底，并于 2008 年反弹，这也可见系统性危机对他国伤害更大，使得美国金融权力相对上升。从金砖国家来看，金融权力确实有显著上升，但于 2008 年进入停滞期，且如果单看除中国外的几国，只能说是相对快速发展，而谈不上崛起与挑战美国霸权。第二，通过回归分析，我们发现工业竞争力与国际金融权力存在非线性关系（"倒 U 形"）及资本项目自由度与国际金融权力并不显著相关，也就是说适当的"工业型"道路是发展国际金融权力的更佳选择。进一步将样本分为正常组和失败组后进行回归分析，发现金融权力正常国选择"工业型"发展模式依然最优，但对于金融权力失败国来说，选择"金融型"道路发展金融权力是更好的方式，两者结果在固定个体和时间效应的固定效应模型回归下依然稳定。此外，本书应用指数分析部分也在某种程度上是对指数的验证，在多角度分析下，均能得出符合现实且有趣的结论，可见这不仅仅是巧合。

第三节　中国与全球金融体系治理
全球层面的存量变革

一　国际金融稳定方面的存量变革

（1）从七国集团到二十国集团

二十国集团取代七国集团成为重要的沟通型国际金融公共产品，使其更具公共性。二十国集团的建立是美国主动进行的全球金融体系治理的存量变革，当然其初始目的是向国际推广七国集团达成的共识，使其合法化。成立于 1976 年的七国集团是传统的沟通型国际金融公共产品，成员国包括美国、英国、德国、法国、日本、意大利和加拿大，七国集团的 GDP 约占当时世界 GDP 的 2/3，贸易额约占世界总额的 1/2，发展援助额占援助总量的近 3/4。但是进入 21 世纪后，以中国为首的新兴市场国家快速崛起，在世界经济政治中开始占据重要地位，尤其是 2008 年全球金融危机爆发后，以美国为首的西方国家已经不能再独自维护国际金融体系稳定。于是在全球金融危机之后，二十国集团开始取代八国集团（前身为七国集团）成为全球金融治理的新平台，这体现了国际实力对比的新变化，为新兴市场国家提供了表达意见的重要舞台，有机会平等地参与到一直以发达国家所主导的全球经济治理之中，而中国正是这一平台的积极推动者之一。作为二十国集团的创始国之一，中国参加了所有会议，并且在 2005 年 10 月举办了第七届二十国集团财长和央行行长会议，会上胡锦涛明确表示了对该集团的肯定，在升级为领导人峰会后，中国领导人出席了历次峰会并发表了重要讲话，由此可见中国对于该集团的重视。[①] 中国也在 2016 年举办了二十国集团领导人会议，并提出了重要的全球金融治理建议。二十国集团为国际金融权力中等强国提供了一个联合发声以争取更高地位的重要平台，该平台增强了新兴市场国家的话语权，同时由于中国的特殊地位，其既是一些国家眼中的发达国家，又是事实上的发展中大国，所以中国在二十国集团中扮演了发达国家与发展中国家协调者的角色。

在第二章提到了国际公共产品的"公共性的三角结构"，即考察国际公共产品是否具有包容性，不仅要看它的收益分配是否公平，还要看它的参与国的代表性及生产决策程序的公平性，所以这种重要的沟通型国际金融公共产品从七国扩展到二十国，参与者的代表性增加了，提高了国际公共产品的包容性。

---

① 王颖、李计广：《G20 与中国》，《现代国际关系》2012 年第 6 期。

(2) 国际货币基金组织的改革

国际货币基金组织是一个委托 - 代理型国际金融公共产品，侧重于稳定型国际金融公共产品的供给。正如前文对委托 - 代理型国际金融公共产品的分析，作为创始国的美国参与了 IMF 的初始设计，对该组织有着很强的操控能力，而中国作为一个后来者，参与其中后很难保证 IMF 的行为符合自身利益偏好，即出现"代理人丢失"现象。1980 年中国恢复 IMF 席位后，可以说是作为"搭便车"者使用稳定型国际金融公共产品，IMF 也对中国的改革开放持支持态度，中国与 IMF 保持着良好关系，即便在 1997 年东亚金融危机时，中国也很少批评 IMF 的消极救助，并且反对日本建立亚洲货币基金以防止削弱 IMF 的地位，[①] 当然这里有制衡日本的考量。但是在 2008 年全球金融危机之后，美国全球金融体系治理的缺陷对中国等新兴市场国家的稳定发展造成了负面影响，同时威胁着中国持有美债的安全，促使中国等新兴市场国家开始推动全球金融体系治理变革。中国联合以金砖国家为代表的新兴市场国家通过二十国集团重要平台，统一协调立场，共同致力于提升在国际货币基金组织中的份额与投票权，最后成功推动了 IMF 2010 年的份额和投票权的改革计划，但被美国拖延多年后直到 2015 年 12 月美国国会才予以批准，中国等新兴市场国家在 IMF 的份额大幅提升，中国的份额从 3.72% 上升至 6.39%，居世界第三位，不过，虽然美国的投票权有所下降，但其 16.42% 的投票权仍超过 15%，所以继续保有重大决策的一票否决权。

二 国际金融效率方面的存量变革

世界银行的改革。世界银行同 IMF 一样，是委托 - 代理型国际金融公共产品，所以中国作为一个后来者，很难确保其行为符合自

---

① 余永定：《崛起的中国与七国集团、二十国集团》，《国际经济评论》2004 年第 5 期。

身的利益。不过自中国恢复世界银行席位后，可以说是作为"搭便车"者使用效率型国际金融公共产品，对中国经济的改革开放起到了积极作用，但是美国对世界银行的操控给各国带来的负面影响也是不争的事实。随着以中国为首的新兴市场国家的发展，它们开始对自身在世界银行中的边缘地位感到不满，也开始对世界银行的治理发出了自己的声音。在 2008 年全球金融危机后，中国等新兴市场国家开始合作并推动世界银行的改革，如新兴市场国家利用 2009 年二十国集团匹兹堡峰会推动了世界银行增加发展中国家至少 3% 的投票权的决定，在 2010 年世界银行正式通过了投票权的改革方案，决定将世界银行（国际复兴开发银行）中发达国家的投票权转移3.13% 给发展中国家和转型国家（DTC），将 DTC 的整体投票权最终提高到47.19% 。其中，中国的投票权将从 2.77% 提高到 4.42% ，仅次于美国和日本，向中国转移的份额占总体转移份额的 50% 以上。中国成为这次改革的最大赢家，不过这次改革并没有触及美国的主导性地位，其份额并没有减少，仍享有对修改《世界银行章程》方面的一票否决权。此外，世界银行的其他方面改革还涉及治理与反腐败、信息披露制度和贷款体制等方面。截至 2017 年 3 月，中国在世界银行的投票权为 4.57% 、巴西为 1.84% 、南非为 0.78% 、印度为 3% 、俄罗斯为 2.86% ，金砖五国的投票权共为 13.05% ，而美国为 16.39% ，可见触及美国主导性的改革是非常困难的。

第四节　中国与全球金融体系治理
全球层面的增量变革

一　国际金融稳定方面的增量变革：以人民币国际化为例

美元霸权对持有国利益及国际货币体系稳定都造成了负面影响，

增加新的国际货币供给有助于国际货币体系保持稳定，所带来的竞争性将约束美国滥用美元霸权。虽然中国在 2009 年才正式启动人民币国际化战略，但早在 2000 年左右中国就走上了提升人民币在周边区域地位的亚洲化道路，积极推动东亚货币合作，2003 年开始推动中国香港发展人民币业务。2006 年，中国人民银行人民币国际化研究课题组认为推进人民币国际化的时机已经成熟，应进一步扩大人民币在周边国家和地区的投资和双边贸易结算中的使用范围，继续推进区域货币合作。[①] 2009 年，以推动跨境人民币结算试点为开端，中国政府开始明确并大力推进人民币国际化进程，具体体现为推动人民币在对外贸易中的使用与发展人民币离岸市场的两轨策略。[②]

中国积极同国际金融权力中等强国合作，推动人民币国际化，如双边货币直接交易。双边货币直接交易是指绕过美元，两种货币直接通过银行做市商确定价格来进行交易，这样可以减少汇兑损失、降低汇率波动风险、增加两种货币的使用。2010 年 11 月开始，中国同俄罗斯实现了人民币对卢布的直接交易；2012 年 6 月，中国和日本实现了人民币对日元的直接交易，据估计这一措施可以减少汇兑损失近 30 亿美元；2013 年 4 月，中国同澳大利亚实现了人民币同澳大利亚元的直接交易。这一系列举措，有利于增强两国的贸易与投资关系，利于两国货币的国际化，对美元霸权有制衡作用。此外人民币还可与新西兰元、英镑、欧元等货币直接交易。

中国也积极与中等强国及小国签订双边货币互换协议，在1997 年东亚金融危机和 2008 年全球金融危机之后，政府间双边货币互换协议的签署频率与规模有较大提升，旨在稳定汇率及在危机期

---

① 中国人民银行人民币国际化研究课题组：《人民币国际化的时机、途径及其策略》，《中国金融》2006 年第 5 期。

② Paola, Subacchi, *One Currency, Two Systems: China's Renminbi Strategy*, London: Chatham House, 2010.

间为各国提供流动性支持，促进贸易与投资的发展。自 2009 年起，中国人民银行先后与 30 多个国家签订了双边货币互换协议，总计超过 3.11 万亿元，推进了人民币国际化进程，并减少了对美元的依赖。

人民币周边化。人民币在周边的一些国家已经有了较大的流通量，其在蒙古国、越南、柬埔寨、缅甸等国家实现了全境范围内的流通，在中国与蒙古国边境，人民币甚至被称为"第二美元"。在缅甸北部掸邦第四特区首府小勐拉，人民币已取代缅币成为主要流通货币，当地政府的税收、发放政府公职人员和军人工资等都使用人民币。[①] 中国周边的很多国家已经正式认可人民币成为当地的一种自由兑换币种，并且在其境内出现了相应的货币兑换场所，目前人民币在边境地区兑换主要有银行兑换、地摊银行兑换、企业兑换点兑换三种途径。

人民币在加入 SDR 前就已成为国际储备货币。经中国等新兴市场国家的努力，人民币终于在 2016 年 10 月 1 日正式加入 SDR 货币篮子，成为与美元、欧元、日元、英镑并列的第五种 SDR 篮子货币，这是中国参与全球金融体系治理变革的一个里程碑，也是对中国推动人民币国际化和货币金融体系改革所取得成绩的肯定。当然，人民币在加入 SDR 之前就已进入多个国家的官方外汇储备，如 2011 年 9 月 8 日，非洲最大的石油出口国尼日利亚央行行长拉米多·萨努西表示，将把其 330 亿美元外汇储备的 10% 转换成人民币。同日，智利央行行长何塞·德格雷戈里奥也发表声明，正在研究把人民币纳入其外汇储备投资组合，并且已经开始研究通过新加坡投资人民币资产的可能性。[②] 在 2017 年 3 月底，IMF 首次公布了包含人

---

① 《人民币边境流通调查》，凤凰网，http：//finance. ifeng. com/money/forex/20090413/535935. shtml，最后访问日期：2014 年 12 月 30 日。

② 《尼日利亚将人民币纳入外汇储备 非洲或成人民币挑战美元地位突破口》，新华网，http：//news. xinhuanet. com/world/2011－09/08/c_ 122000363. htm，最后访问日期：2014 年 12 月 3 日。

民币持有情况的"官方外汇储备货币构成"季度数据，数据显示人民币是当前第七大国际储备货币，总额约 845.1 亿美元，当然与美元相比还是相差甚远。

此外，金砖国家应急储备安排的建立也是维护国际金融稳定方面重要的增量变革，是对现有国际金融安全网的完善，应急储备安排的目标是通过流动性工具和预防性工具提供支持的一个框架，以应对实际或潜在的短期国际收支压力，借款上有 70% 是与 IMF 挂钩的。从其协定中可以看到这是一个典型的俱乐部产品，服务对象只是成员国，只有出资国才可以借款。初始承诺资金总规模为 1000 亿美元，其中中国承诺 410 亿美元，巴西、印度、俄罗斯各为 180 亿美元，南非为 50 亿美元。最大借款额等于一国承诺出资额的倍数，各方借款倍数如下：中国为 0.5，巴西、印度、俄罗斯均为 1，南非为 2。当前应急储备安排的投票权中有 5% 的基本投票权由金砖五国平均分配，其余 95% 投票权按承诺出资额成比例分配，加总后的投票权分配如下：中国为 39.95%，巴西、印度、俄罗斯各为 18.1%，南非为 5.75%。

二 国际金融效率方面的增量变革：金砖国家合作的成绩

金砖国家合作机制和金砖国家新开发银行都是中国为改革全球金融体系治理而领导推动的增量变革。金砖国家合作机制是重要的沟通型国际金融公共产品，金砖国家通过该机制增进交流沟通、凝聚行动共识、协调推动全球金融体系治理改革；新开发银行则是重要的效率型国际金融公共产品，弥补世界银行在全球金融体系治理中的不足。

"金砖国家"一词最初是由高盛首席经济学家奥尼尔在 2001 年提出的，由中国、俄罗斯、巴西、印度这世界上较大的四个新兴市场国家组成。在 2008 年全球金融危机中，为应对危机与改革不合理的国际金融秩序，这四国建立了金砖四国合作机制，并于 2009 年在俄罗斯举行了首次四国首脑峰会，标志着该机制的正式建立，在2010年南非加入，由此该机制演变为金砖五国合作机制。五国对于现有的美国金融霸权现状颇感不满，希望通过联合来提升在全球金融治理中的地位，改革现有的全球金融体系治理。2011年金砖国家第三次领导人峰会发布《三亚宣言》，明确表示要改革现有国际货币体系，并且该机制在2013年提出建立金砖银行，这标志着金砖五国在打破原有国际金融旧格局中迈出了重要一步。当然金砖国家之间虽有合作，但内部竞争也十分激烈，这表现在以下几点。第一，中国的快速增长不仅引起美国的注意，而且使得其他四国开始担忧中国在金砖机制中获得领导地位，如在确定金砖国家新开发银行出资额中，虽然中国占据绝对优势，但印度和俄罗斯强烈反对中国贡献更大的出资比例，最终五国平均出资。第二，中国和印度之间存在的边界争端问题长时间没有得到解决。第三，过去人民币币值的长期低估，使中国的出口对印度、巴西、南非的制造业部门带来了较大的损害，他们多次表达了对中国的一些经济政策的不满，如巴西同美国一起呼吁人民币升值，印度甚至对中国发起反倾销诉讼。第四，当前印度的低成本制造业也对中国的"世界工厂"地位造成了威胁，出现了外国直接投资从中国转向印度的趋势。

金砖国家新开发银行于2015年7月正式开业，总部设在中国上海，初始资本为1000亿美元，初始认缴资本为500亿美元，由中国、俄罗斯、巴西、印度、南非五个创始成员国平均出资。新开发银行的宗旨是为金砖国家及其他新兴市场国家和发展中国家的基础设施建设和可持续发展项目提供资源，作为现有多边和区域金融机构的补充，促进全球经济的增长与发展。① 它是第一个由非发达国家

---

① 《新开发银行的协定》，中国人大网，http://www.npc.gov.cn/wxzl/gongbao/2015-09/10/content_1946351.htm。

发起的国际性组织，该组织的成立不仅有助于金砖国家自身的发展，也有利于发展中国家的发展。新开发银行将对发展中国家进行中长期投资，如制定关于基础设施和工业等的贷放款和投资措施的规则，它是国际货币基金组织和世界银行以外拥有世界影响力的金融机制。金砖国家新开发银行的创立，使得发展中国家在面临财政和经济困难时可以向其请求救助，而不是只能向世界银行和 IMF 求助，完善了全球金融体系治理。① 此外，金砖国家的国际金融效率方面的合作还涉及货币互换与本币结算、信贷融资服务、证券市场合作等。

在建设包容性国际金融体系之时，我们该如何提升新开发银行的包容性呢？这里借鉴理论基础部分"公共性的三角结构"来考察新开发银行的包容性并提出具体建议。首先，在消费的公共性上。虽然新开发银行的协定规定其宗旨是为金砖国家和金砖国家之外的新兴市场国家和发展中国家提供贷款，但目前为止所有贷款均投向金砖国家。也就是说虽然在名义上金砖国家新开发银行具有消费的公共性，但是在实际运营中还不具备消费的公共性，具有典型的俱乐部产品排他性特征，当然也许投入运营时间不长也是造成这种情况的原因，所以为使新开发银行达到消费的公共性，未来贷款范围需扩展至非金砖国家。其次，在决策制定的公共性上。达到决策制定方面的公共性需要受益国和成本承担国均参与到决策制定过程中。新开发银行协定中宗旨的服务对象为金砖国家及其他新兴市场国家和发展中国家，显然当前在决策过程中只有金砖五国而没有其他新兴市场国家的参与，这会影响贷款投向以及政策在政治、经济和技术方面的可行性等。也就是说为达到决策制定的公共性，新开发银行需要积极邀请其他新兴市场国家和发展中国家加入。此外，新开发银行作为委托－代理型国际金融组织，一般实现对此类组织控制

---

① 左晓蕾：《催生金砖银行》，《中国经济和信息化》2013 年第 8 期，第 29 页。

的最好时期是在初创时，创始国通过对国际金融组织的初始设计以维护自身的利益偏好，实现对该组织的控制，而后加入者因没有参与初始设计过程，则很难保证该组织不偏离其利益偏好，因此如何保障后加入者的利益也是维护决策制定公共性需要考虑的。而在新开发银行协定第二章第 8 条股份的认购中规定创始成员国的投票权占总投票权的比例不能低于 55%，任何一个非创始成员国的投票权占总投票权的比例不能超过 7%，显然这也不利于维护后来者的利益。最后，在收益分配的公共性上。这方面较为难以判断，不过由于服务对象是广大新兴市场国家和发展中国家，它们对基础设施建设及可持续性项目上有着共同的诉求，所以，在这一方面新开发银行可以达到收益分配的公共性。

从国际金融公共产品的"公共性三角结构"来看，新开发银行排他性特征较强，为提供更具包容性的国际金融公共产品，新开发银行需在消费的公共性和决策制定的公共性上有所加强，积极邀请其他新兴市场国家和发展中国家加入，并将贷款目的国扩展至非金砖国家。

第六章 |
区域层面全球金融体系治理的
变革：东亚实践

中国在区域层面参与全球金融体系治理变革的实践要早于全球层面，从 2000 年起中国就开始参与到东亚货币金融合作进程之中。这种区域金融公共产品能够更直接地反映该地区各国的不同需求，使区域金融公共产品的供给及其机制、制度更符合地区需求，是全球金融体系治理的有益补充。中国作为东亚国家，与本地区政治经济联系更为紧密，从区域层面变革全球金融体系治理更为迫切与直接，良好的区域基础是变革全球层面金融体系治理的有力后盾。

第一节　东亚区域金融公共产品带来的益处

以美国为主导的全球金融体系治理存在缺陷，美元体系给东亚经济带来了货币困境、制度困境、结构困境三大困境，而通过东亚区域金融公共产品的供给可以改善这三大困境。

一　区域金融公共产品是对全球金融公共产品的补充与完善

如前文所述，全球金融体系治理的出现就带有"原罪"，东亚区域金融公共产品的供给是对它的完善与变革。第一，东亚区域金融公共产品供给有助于国际货币体系改革的平稳发展。未来国际储备货币多元化是国际货币体系改革的一大方向，多元化的国际货币竞争可以抑制国家超发货币，进而使国际货币发行国在指定本国货币政策时也将其他国家情况加以考虑，减少货币政策溢出的负效应。不过在此国际投资组合调整的过程中，对美元信心的缺失极有可能造成对美元资产的集体抛售，进而造成美元剧烈贬值而其他国际货币剧烈升值，给各国带来系统性金融风险。而东亚货币合作培育区域金融市场、扩大本地区货币使用，可使国际货币体系从一极向多元平稳过渡，并且可在一定程度上隔离国际金融动荡的风险。第二，东亚区域金融公共产品供给有助于完善全球金融安全网。正如前文所述，在面对流动性危机时，IMF 的救助资金能力缺失及其被美国"私有化"，已不能满足对世界各国金融风险的救助需求，这就迫切需要完善全球金融安全网，而东亚区域金融安全网便是其中重要的一环。此前欧元区在应对危机时救助来源的多渠道就是一个很好的启示，如 2010 年希腊在面对危机时不仅获得了来自 IMF 的资金，也获得了欧盟委员会安排的 15 项双边货币互换协议的救助，这种多层面的金融安全网有力地完善了当前国际货币体系的不足。

二　缓解货币困境

首先，货币汇率协调机制或共同的货币单位，可以更好地应对外部冲击，隔绝美元不利影响，并且亚洲债券市场的发展有助于东亚国家的外汇储备分散风险、增加本地区货币的使用，这都有助于减弱货币错配带来的危害，稳定金融市场。其次，美元作为媒介货币（Vehicle Currency），使得东亚各国在交易时需要支付较高的成本，而在东亚货币合作下，本地区货币实现直接交易，可减少交易成本且减少汇兑损失。最后，东亚地区在产业内、产品内分工模式下形成了东亚生产网络，区域内贸易与外国直接投资（FDI）都达到较高水平，但货币合作的进展稍显滞后，使东亚经济一体化存在不稳定因素，除造成货币错配外，也容易发生以邻为壑（Beggar Thy Neighbor）的汇率政策。早川一伸（Hayakawa Kazunobu）和福木村（Fukunari Kimura）的研究发现，东亚区域内贸易较其他地区贸易受汇率波动的不利影响更严重，进一步来说，造成这种不利影响的重要原因是东亚贸易大部分属于国际生产网络内的中间商品贸易，而这种贸易类型对于汇率波动更为敏感。东亚货币篮子或东亚共同货币的使用，会大幅刺激东亚地区的贸易发展，进一步鼓励外国直接投资。①

三　缓解制度困境

首先，建立地区外汇储备库，充当最终贷款人，避免在美元体系下无人愿意充当最后贷款人的尴尬情况，并且在提供救助时要求的贷款条件可以更加符合本地区国家经济现状和特点。虽然 CMIM 机制因金额有限和缺乏危机预防机制在 2008 年的金融危机中没有发挥效用，但是为了解决这个问题，2012 年 5 月 "10 + 3" 财长与央行行长会议将 CMIM 的总规模扩至 2400 亿美元，与 IMF 脱钩比例升至 30%，并且成立了一个新的危机预防机制，称作清迈倡议多边化预防安排（CMIM-PL），这将有助于预防未来潜在的危机。② 其次，东亚国家通过共识协商建立起的货币合作机制，能充分反映本地区利益，不会被 "私有化"，行动上也能避免大集团带来的 "集体行动的困境"③，更容易达成一致并减少 "搭便车" 行为。最后，随着

① Hayakawa, Kazunobu, and Fukunari Kimura, "The Effect of Exchange Rate Volatility on International Trade in East Asia," *Journal of the Japanese and International Economies*, Vol. 23 (4), 2009, p. 405.

② Kawai, M., "Asian Monetary Integration: A Japanese Perspective," ADBI Working Paper, No. 475, Tokyo: Asian Development Bank Institute, 2014, p. 26.

③ Mancur, Olson, *The Logic of Collective Action: Public Goods and the Theory of Groups*, Vol. 124, Harvard University Press, 2009.

东亚新兴市场国家与传统发达经济体在经济增长上的"双速"与"脱钩"，东亚地区的地位日益上升，而美国在此区域的地位相对下降（见图 6-1），这一切都为变革美元体系提供了可能。东亚货币合作将整合这些有利趋势，使东亚地区在国际货币体系中获得更高的地位与发言权。

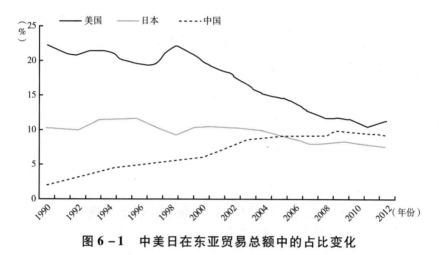

图 6-1 中美日在东亚贸易总额中的占比变化

资料来源：IMF 数据库，http：//data. imf. org/regular. aspx？ key = 61013712。

四 摆脱结构困境

在东亚货币合作框架下，本地区货币的大量使用会减少对美元的需求，逐步降低美元的主导地位。而东亚地区是美元体系的一个支柱，对美元需求的持续减少将减弱美国为其赤字融资的能力，使其负债型发展模式难以持续，迫使其调整国内经济结构，改变过度消费。事实上，由于金融危机的冲击，美国已经开始通过加强金融监管、重振制造业、发展页岩油气等措施来调整国内的经济结构，并降低对东亚市场的依赖。2006~2012 年，美国作为东亚最终商品消费市场的份额从 28.62% 大幅下降至 22.99%。

反过来，美国作为东亚最终商品销售市场能力的下降，也将促使东亚各国加快调整国内经济结构的步伐，同时整合区域资源，形成区域内供求更加平衡的分工与贸易体系。数据表明，国际金融危机前后，东亚区域内的贸易结构的确发生了显著的变化。2000～2007 年，中国对东亚的区域内最终产品出口占比显著下降，从 49% 降至 44%，日、韩和东盟的区域内最终产品出口占比则相对稳定；金融危机之后，除了日本，中、韩以及东盟的区域内最终产品出口占比都出现了比较明显的上升。作为一个整体，东亚区域内最终产品出口占比从 2007 年的 30% 上升至 2012 年的 34%；相反，对发达国家的出口占比却呈现下降趋势，从 50% 降至 43%。这一变化说明，东亚区域内的最终产品市场开始出现增长，东亚地区的经济再平衡已经开始。

第二节　中日合作对东亚区域金融公共产品供给的重要性

一　东亚区域金融公共产品供给的内生动力

纵观东亚货币合作的历史，我们可以发现历史赋予的三个显著特点，而其中蕴含着强大的推进区域金融公共产品供给的内生动力。

（一）"10 + 3" 机制的主导性

历史赋予了 "10 + 3" 机制（APT）对东亚区域金融公共产品供给的主导性特征，这表现为东亚货币合作的重要进展都是在 APT 框架下完成的。其主导性是地区合作历史发展所赋予的，既有历史渊源，又有时代偶然。

在历史渊源的一面，东亚地区合作自 20 世纪五六十年代万隆会议萌芽以来，在之后的亚太合作、亚欧合作中孕育了东亚地区主义，

APT 是这一历史进程的产物。

20 世纪 90 年代，随着欧洲一体化的推进和美国推动北美自由贸易协定，加上东亚国家在亚太合作中的互动，东亚地区主义开始萌芽，马来西亚总理马哈蒂尔先后提出建立只包括东亚国家的东亚经济组织集团（EAEG）和东亚经济核心论坛（EAEC），以便在世界舞台上更好地谋求东亚利益，推动东亚共同体的建设。这些倡议虽然因为美国的反对而遭遇失败，但开启了东亚国家合作的大门。1994 年，东盟成员国新加坡提议举行亚欧会议，这种亚洲国家和欧洲国家的对话，使东亚国家第一次真正走到一起，构建了东亚地区的身份认同。东盟为推动与中日韩东亚合作框架的实现，在首届亚欧会议前以东亚国家需事前协商为由总共设计了五次午餐会，最终将原本不愿参与的日本纳入其中并促成了东盟与中日韩首脑的首次会晤（事实上的 EAEC 设想成员国会议）。[1] 这些经常性的互动使东亚国家在干中学，增强了身份认同感与共识，并在此基础上增加彼此之间的相互信任。[2]

在时代偶然的一面，经过上述准备，APT 合作机制于 1997 年诞生了，此时恰逢亚洲金融危机爆发，东亚各国需要合作平台沟通协调、共商对策，APT 成为应对金融危机的主要平台，继而成为推动东亚货币合作的主要机制。IMF、APEC、东盟等组织在应对危机时行动不力，尤其是 IMF 因救助时附加苛刻的政治条件而被"污名化"，这凝聚了东亚国家的合作共识，使 APT 进一步确立了其在东亚货币合作中的领导地位。

具体到东亚货币合作进程来看，在危机救助机制上，APT 见证了"清迈倡议"（CMI）与"清迈倡议多边化"（CMIM）。2000 年在

---

① 赵宏伟、叶琳：《东亚区域一体化进程中的中日关系》，《世界经济与政治》2010 年第 9 期。

② Patryk, Pawlak, "Chinese Network Diplomacy as a Challenge for Transatlantic Partners," *Asia Europe Journal*, Vol. 12（1 - 2），2014，p. 97.

泰国举行的 APT 财长会议，建立了通过地区双边货币互换协议来应对未来可能发生金融危机的机制，即"清迈倡议"，提升了东亚地区金融合作的水平。2005 年 5 月召开的 APT 财长会议，达成了提高 CMI 金额、完善自我监督机制及采用集体决定制等共识。2007 年 5 月举行的 APT 财长会议首次确认将清迈倡议多边化，之后规模逐渐扩大，由 2008 年决定的 800 亿美元提升到 2009 年的 1200 亿美元、2012 年的 2400 亿美元。该协议在 2010 年 3 月正式生效，形成了一个真正意义上的东亚国家自己的地区危机救助机制。

在区域金融市场的建设上，APT 见证了"亚洲债券市场倡议"（ABMI）的创立。2002 年 12 月，APT 副部长在会议上第一次讨论了建立 ABMI 的设想，并在 2003 年 8 月的 APT 财长会议上正式创立，旨在发展地区债券市场，提高东亚各国外汇储备及国内储蓄利用效率，稳定金融市场与促进经济增长。在 2008 年 5 月第十一届 APT 财长会议上通过了新亚洲债券市场倡议路线图，旨在发展本地区货币计价的债券市场，在 2012 年 5 月 APT 财长和央行行长会议通过了另一个亚洲债券市场倡议路线图，试图通过发展本地区信用评估系统、中小企业的证券市场，提高金融教育水平等手段进一步推动资本市场的发展。[1]

（二）大国竞争的博弈模式

东亚货币合作被历史打上了大国竞争的烙印。在亚太和东亚地区合作历史实践中，中日美三国对于区域合作领导权的争夺，深刻影响了东亚货币合作的格局。

（1）区域合作中的亚太倾向

冷战期间，日本率先崛起成为东亚地区经济大国，而东亚地区

---

① Ulrich, Volz, "Financial Regionalism in East Asia," *The International Spectator*: *Italian Journal of International Affairs*, Vol. 47（4）, 2012, p. 100.

由于地缘政治与冲突一直处于分裂状态，同时受制于与美国特殊的政治、经济关系，这促使日本倾向于推动亚太地区一体化，并且试图渐进获取主导权而不敢冒进刺激美国。

20 世纪 60 年代日本提出了太平洋自由贸易区（PAFTA）构想，包括日本、美国、加拿大、澳大利亚、新西兰五国。虽然这一提议从未实现，但在推动过程中开启了亚太地区合作的大门，并且形成了日本、澳大利亚核心。两国先后推动成立了太平洋盆地经济理事会（PBEC）、太平洋贸易与发展会议（PAFTAD）、太平洋经济合作理事会（PECC）三个太平洋地区经济合作组织，为 1989 年亚洲太平洋地区经济合作组织（APEC）的建立奠定了基础。在这一过程中，日本和澳大利亚之间形成了丰富的合作经验，所以就不难理解为何后来日本在与中国争夺东亚货币合作领导权的时候要扩大合作区域范围，将澳大利亚、新西兰纳入其中，一方面是要平衡中国影响力，另一方面也符合其一贯的亚太合作倾向。

（2）渐进将美国排除在区域合作之外

在推动亚太合作时，日本也意识到，随着东亚经济的发展，东亚地区合作已初步具备了把美国排除在外的潜力。日本银行在 1990 年与亚洲国家央行举行会议商讨组织地区中央银行论坛，并在 1991 年 2 月主办了第一届东亚和太平洋地区央行行长会议（EMEAP 前身），初始成员包括日本、澳大利亚、新西兰、印度尼西亚、韩国、马来西亚、泰国、菲律宾，中国内地和中国香港分别在 1992 年和 1993 年加入，该组织不包括美国。该论坛一直低调举行，直到其试图取代国际清算银行（BIS）的时候美国才注意到它的存在，但此时美国已经不能将其废除了。[①] 同时，日本大藏省（MOF）自 20 世

---

① Hamanaka, Shintaro, "Reconsidering Asian Financial Regionalism in the 1990s," ADB Working Paper, 2009, pp. 4 – 6.

纪 90 年代初就开始对亚洲地区主义感兴趣，千野忠男（Tadao
Chino）推动成立了亚洲七国非正式地区副财长会议，并于 1994 年
升级为财长会议，该会议包括日本、澳大利亚、新西兰、中国、印
度尼西亚、韩国、马来西亚和泰国。日本发起的日本 - 东盟财长会
议也于同年 10 月举行，早于东盟 1997 年 3 月发起的东盟经济部长
级会议。[①] 从中也可以看出，日本在 1997 年提出建立亚洲货币基金，
并不只是对危机的应急反应，而是与其 20 世纪 90 年代以来秉持的
东亚货币金融地区主义一脉相承的。

（3）从亚太合作转向东亚合作

20 世纪 90 年代初，东盟也曾邀请日本加入 EAEG 和 EAEC，不
过美国因担忧日本获得东亚地区一体化合作的领导权而表示反对，
在美国压力之下，加之更为注重亚太合作，日本拒绝了东盟的邀请。
随着中国实力的与日俱增，日本对中国和东盟的趋近感到威胁，担
忧中国获得东亚地区合作领导权，开始放弃其一直坚持的包括澳大
利亚和新西兰的东亚合作而加入东盟主导的合作框架之内。东盟也
因其弱小实力不会对中美日造成威胁，获得了大国的认可。同时东
盟国家为避免小国成为大国的附庸，也积极推动东亚货币合作前进，
以彰显其领导作用。东亚货币合作在各国对于领导权的争夺中获得
了前进的内生动力。

（三）"东盟方式"作为主导的行为规范

东亚地区的大国利益纷繁复杂，东盟从诞生之时起就在大国的
夹缝中生存与发展，但也正是因为大国的相持不下成就了东盟表面
上的领导权，使"东盟方式"成为东亚地区合作及东亚货币合作的

---

① Hamanaka, Shintaro, "Reconsidering Asian Financial Regionalism in the 1990s," ADB
Working Paper, 2009, p. 7.

主导行为规范。

东盟国家大多于二战后获得独立，不愿让渡来之不易的国家主权，并且处于美苏两大国对抗之间，发展出了以主权平等、不干涉内政、协商一致、非强制性等原则为主要特征的"东盟方式"。这是一种"不写下来的规范（norms），非正式的理解（understanding）"，来源于东盟国家 40 多年来的实践，这种方式贯穿于其之后参与的东亚地区合作与东亚货币合作。①

1997 年东亚金融危机爆发后，"东盟方式"通过 APT 锁定东亚货币合作。APT 框架是东盟努力促成的，其举行会议是在东盟领导人峰会既定日程之下，所以"东盟方式"延伸至 APT。此时恰逢亚洲金融危机爆发，使 APT 成为东亚货币合作的主要推动框架，这是一个历史的偶然。而货币合作是需要大国领导的（大国可以充当最后贷款人），这种大国领导的必然与"东盟方式"锁定的偶然相遇，使东亚货币合作的发展受到合作机制上的约束，比如其在需要让渡部分主权的区域，宏观经济与汇率政策协调方面的合作受到制约。"东盟方式"也体现在东亚外汇储备库资金管理形式的自我管理与重大决策需各国协商一致上，这是大国对小国的妥协，但也降低了资金的使用效率。从以上历史进程可以看出，东亚货币一体化的深入发展受到"东盟方式"的约束，未来能否在尊重小国利益基础上对"东盟方式"有所突破，是东亚货币合作之中进一步深入发展需要审视的问题。

（四）东亚货币合作的内生动力

历史赋予东亚货币合作的这三大特点之间是相互联系的，"10 + 3"

---

① 张蕴岭：《在理想与现实之间——我对东亚合作的研究、参与和思考》，中国社会科学出版社，2015，第 61 ~ 67 页。

作为主导机制，"东盟方式"蕴含其中，这既是历史因素造就的，更是大国间的博弈促成的，它们从不同方面共同作用于东亚货币合作的实践。

"10＋3"作为主导机制，是推动东亚货币合作的主要行为体，影响着合作推进的速度和效率，但当前 APT 框架缺乏一个可以有效统合货币合作各个方面事宜的常设机构，使之不能为合作提供最优速度，可见在合作制度层面还需进一步完善。"东盟方式"作为合作的主导逻辑，约束着货币合作领域需大国领导的现实，使东亚货币合作在深度上受到制约。从某种程度来说，两者对东亚货币合作的前进具有延缓性。随着各国实力的消长，大国竞争塑造着东亚货币合作的格局和走向，推动着具体议题的发展，是合作前进的主要动力。考虑到中日是东亚地区重要大国，加之 1997 年之后东亚货币合作几个重大议题的实践证明，中日共识是决定议程成败的关键，中日关系成为东亚货币合作最核心的推动力。另外，从动态和静态角度来看，主导机制和主导逻辑在短时间内处于稳定状态，较难改变，且对其的完善作为一项议题也受中日竞合的影响，而中日关系相对来说是处于动态的，所以中日博弈就成为理解 1997 年之后及当前东亚货币合作前进与停滞的关键因素。

二　中日围绕东亚区域金融公共产品供给的竞争

在明确中日关系因素为核心驱动力后，本部分将以此为着眼点，考察东亚货币合作中的中日竞合。

（一）中日主导权之争导致东亚货币合作进展缓慢

本部分将详细考察东亚货币合作进程中五个重大议题中的两个失败案例，揭示出中日两国只顾自身利益最大化而不考虑对方利益的行为将使东亚货币合作陷入"囚徒困境"，两国的竞争行为直接损及货币合作进程与自身利益。

（1）亚洲货币基金（AMF）倡议的失败

传统上认为 AMF 倡议是为应对 1997 年东亚金融危机的产物，但实际上在此之前日本财务省（原大藏省）及其他相关机构就开始对此进行了研究，尤其是 1996 年秋日本三菱银行国际货币事务所成立区域货币基金研究组，日本前财务省国际事务副部长丰生行天（Toyoo Gyoten）深度介入此项研究，该小组在 1997 年初发表了倡议创建 AMF 的初步论文。[①] 由此可见，创建 AMF 是日本为主导东亚地区合作而深思熟虑后提出的。大藏省本计划在 1997 年 5 月 ADB 年会时推出该提议，但因担忧不能获得某些国家的支持而推迟了。[②] 1997 年东亚金融危机爆发，日本抓住机会提出建立 AMF 以应对金融危机。根据日本的计划，该基金共 1000 亿美元，其中日本出资 500 亿美元，其余 500 亿美元则分别由中国内地、中国香港、新加坡和中国台湾共同提供。[③] 可以看出，日本试图建立一个把美国排除在外的地区货币基金，由此获得东亚地区货币合作的领导权。

虽然日本通过积极游说获得了东盟和韩国的支持，但是这种损害美国领导权及对美元体系的挑战必然招致美国及其主导的 IMF 的反对。华盛顿方面还积极以日本霸权威胁来游说中国共同反对该计划。从中国的角度看，一开始就对日本行为的动机抱有疑虑，特别是日本在推出该计划前并未与中国协商，[④] 同时还要把中国台湾纳入基金。中国出于对日本试图通过建立 AMF 获取东亚地区领导权的警

① Shinohara, H., "Chiki Kyōryoku to Shiteno Ajia Tsūka Kikō〔Regional Cooperation and Asian Monetary Organization〕," *Nihon Keizai Kenkyū Centre Kaihō*, December 1, Quoted from Hamanaka Shintaro, "Reconsidering Asian Financial Regionalism in the 1990s," ADB Working Paper, 2009.

② Hamanaka, Shintaro, "Regionalism Cycle in Asia (‐Pacifi): A Game Theory Approach to the Rise and Fall of Asian Regional Institutions," ADB Working Paper, No. 42, 2010, p. 10.

③ 张蕴岭、张斌：《东亚金融合作的进展与未来的选择》，《当代亚太》2002 年第 8 期。

④ Benjamin, J. Cohen, "Finance and Security in East Asia," in Avery Goldstein and Edward D. Mansfield, eds., *The Nexus of Economics, Security, and International Relations in East Asia*, Stanford: Stanford University Press, 2012, p. 52.

惕，选择了不支持日本的提议，这使得日本不得不放弃这个计划。
亚洲开发银行研究院院长、首席执行官河合正弘（Masahiro Kawai）
认为，如果当时中国支持该计划，中日可在韩国和东盟的支持下推
进 AMF。① 时任日本大藏省事务次官的神原英资（Eisuke
Sakakibara）也透露，如果当时中国支持日本提议，他会顶住美国与
IMF 的压力创建 AMF。同时他还认为，两国财长缺乏热线沟通渠道
与信息交流，使得中国没有接受日本的提议。②

通过此案例可以看出以下几点。第一，AMF 倡议并非因金融
危机而生，而是早在日本的酝酿之中，而且，危机未能推动该计划
实现，可见危机推动不能超越东亚货币合作进程中的权力斗争。第
二，尊重一个中国是中日合作的前提，哪怕是打"擦边球"也会
阻碍合作。第三，中日缺乏沟通加剧互不信任，日本大藏省和央行
没有和中国财政部与央行进行直接的沟通与协调，加剧了中国的疑
虑，所以中日应建立多层面的交流机制，消解互疑。第四，中日合
作对于东亚货币合作具有决定性的作用，即使有韩国和东盟的支
持，如果缺乏中国的参与，日本仍无法单独推动地区货币合作。

（2）建立亚洲货币单位（ACU）的失败

最初的亚洲共同货币构想是在 2002 年 7 月亚欧财长会议上提出
的。这里的 ACU 只是表示构成货币相应价值的一个尺度，但不同的
使用方法会使其具有货币要素，它与欧洲货币单位 ECU 类似，最后
可成为货币。③ 对于东亚是否具有建立亚洲货币单位的必要性及其可
能的方式，日本学术界率先开始做深入研究，但背后一直有着或明

① 徐以升、许钊颖：《专访亚洲开发银行研究院院长、首席执行官河合正弘：推动达成事实上的亚洲货币基金》，《第一财经日报》2012 年 6 月 11 日。
② Masahiro, Kawai, "From the Chiang Mai Initiative to an Asian Monetary Fund," ADBI Working Paper, No. 527, Tokyo：Asian Development Bank Institute, 2015, p. 6.
③ 〔日〕中岛厚志：《亚洲共同货币的意义以及日中合作的重要性》，《日本学刊》2005 年第 1 期。

或暗的官方支持，并最终推动由日本主导的亚开行于 2005 年提出建立亚洲货币指数的建议。[①] 可见，这是日本试图主导东亚货币合作的又一次尝试。

亚开行提出的 ACU 并非亚元，其旨在作为基准指标，监测亚洲各国货币之间及作为整体与美元、欧元、英镑等货币的汇率走势。美国也表示支持建立亚洲货币单位这一提议，并且愿意参与到亚洲货币合作之中。[②] 在这一议题的谈判过程中，技术上权重的分配是各国争论的焦点，对于日本可能会占有最大权重的情况，中国会使用对自己更有利的算法，争取更大权重。同时，与会方就亚洲货币单位是否包括中国台湾、中国香港、澳大利亚、新西兰等国家和地区的货币展开了激烈的争论。[③] 此外，澳大利亚和新西兰两国货币是否在内的争论，与中日对于东亚合作区域范围的一贯分歧息息相关。虽然美国的支持是对日本的一大激励，但由于各国之间特别是中日两国存在分歧，建立亚洲货币单位这一问题至今也没有达成实质性的共识。从这一案例可以看到，尽管有美国的支持，但这次合作仍然止步不前，说明美国并非可以在东亚货币合作中拥有决定性的地位。

（二）美国金融霸权下中日货币竞争的零和博弈

中日是东亚地区的两大强国，先后提出了本币国际化战略，两国的货币国际化之争是很难避免的。对于货币国际化，随着各国学者研究的深入，人们逐渐认识到一国货币的国际化，不仅仅

---

① 孙杰：《深化亚洲金融合作的途径：日本的作用和影响》，《世界经济与政治》2007 年第 5 期。

② Victor, Mallet, "US Abandons Opposition to Idea of Asian Currency Unit," *Financial Times*, Vol. 16, 2006.

③ Victor, Mallet, "Launch of Asian Currency Unit Held up by Political Bickering," Financial Times, Vol. 27, 2006.

是经济上的自然发展，更需政治上的有意推动，不仅需要国内金融市场的深化，还需要推进国际分工与贸易的发展。从中日货币国际化之争中的战略选择、国际分工和贸易结构、国际政治基础三个方面的比较可以看出，中日两国的货币国际化在东亚地区确实存在竞争，而且不断朝着有利于中国的一方转变。但是，如果把美国纳入考虑范围，情况将有所不同。在战略选择上，美国视维护美元霸权为核心利益，东亚的"去美元化"是美国不能坐视不管的；在国际分工和贸易结构方面，美国占据着金融业的比较优势，并且美元霸权的存在及美国为东亚提供最大的商品销售市场，使得中日在这方面的相互竞争优势在一定程度上失去了意义；在国际政治基础上，从军事与政府治理水平看，美国远远超出日本和中国，从外交基础方面看，美国一直以轮轴—辐条模式（Hub and Spoke）在政治与军事领域居于东亚的中心位置，近来的"亚太再平衡"战略又巩固了美国在东亚的政治军事存在，显然在政治基础上中日与美国存在一定差距。美国的存在使中日两国的货币失去竞争优势，即便一方享有一定优势，但在美元霸权之下，这一方的货币国际化空间也会被大为压缩。根据河合正弘和维克托（Victor Pontines）的研究，美元仍是东亚地区的主导"锚货币"，并没有出现近期许多论文所提出的人民币区。不过他们对人民币在东亚经济体货币篮子中权重的估计也发现，近年来人民币在东亚的重要性确实不断提高，并且在某种程度上造成日元地位的下降。[①] 可见，人民币与日元存在竞争，并且人民币已经开始夺取日元的份额，但是美元依旧保持着主导地位。从中日在东亚货币合作中的主导权之争来看，两国间的分歧是造成东亚货币合

① Masahiro, Kawai, and Victor Pontines, "Is There Really a Renminbi Bloc in Asia?," ADBI Working Paper, No. 467, 2014.

作失败的重要原因，如果两国不能达成妥协，将使合作进程停滞不前，双方都将失去摆脱美元霸权的机会。

综上所述，在美元体系下，中日两国货币竞争只是在狭小空间内的零和博弈，就算一方取胜也难以动摇美元的主导地位。中日单独与美国相比都相去甚远，所以两国都没有实力单独挑战美元霸权，但是两者实力相加又能大幅缩小与美国的实力差距，达到制衡的实力门槛①，两国合作制衡美元霸权成为可能。

三 中日合作推动东亚区域金融公共产品供给的可能性与实践

前一部分对中日围绕东亚区域金融公共产品供给的竞争进行了考察，揭示出只有中日合作才能缓解以美国为主导的全球金融体系治理带来的困境。接下来，本部分将继续就中日合作推动东亚区域金融公共产品供给的可能性与制度建设及金融一体化相关实践进行探析。

（一）中日合作可能获得的收益

虽然存在诸多制约因素，但中日合作并非前途暗淡，而是大有可为的。第一，在政治上可互助。日元国际化要实现真正的发展，需要日本获得真正的政治大国地位，一是政治独立，摆脱美国影响，二是成为联合国安理会常任理事国，而这些都需要同中国合作。中国也需要借助与日本的合作来制衡美国的战略重心东移，并且可以减少日本对中国货币盟友的分化。所以，两国的根本政治利益应是一致的。第二，在国内经济上可协调。中日两国都处在国内经济结构改革的关键时期，在国际经济一体化发展的今天，国内政策存在

———————

① 关于制衡的实力门槛，结构现实主义理论认为弱国倾向于联合制衡霸权，但是在当前的现实世界中并没有出现制衡，这是因为对于霸权的制衡需要达到一定的实力程度，如果弱国联合起来达不到，制衡将不会发生，即便发生也会失败。

溢出效应，所以需要货币政策与汇率紧密协调，才能使政策发挥预期的效用。第三，在本币国际化上可共进。人民币国际化与日元国际化虽然都取得了一定成绩，但仍然无法与美元匹敌，单靠一方努力无法撼动美元体系，任何一方也无法主导东亚货币合作，双方竞争得益有限，只有通过合作才能更好地应对美元体系。中日汇率协调合作，有助于稳定汇率、降低交易成本与投资风险，有利于双边贸易与投资的发展，同时可以增加东亚国家对人民币与日元的使用。

（二）中日合作推动区域货币一体化进程的成功案例

（1）清迈倡议（CMI）的成功

鉴于中国不断上升的实力与自身经济的停滞，日本迫切希望通过制度化锁定其影响力，加强其在地区合作中的地位，于是在 2000 年 5 月于泰国清迈召开的 APT 财长会议上提出清迈倡议（CMI）。该倡议吸取 AMF 失败的教训，避免了刺激美国及与中国产生分歧。而中国方面，随着经济的发展及与东亚地区经济联系的增强，自 20 世纪 90 年代开始更加积极地拥抱多边主义，并且对金融地区主义抱有浓厚的兴趣，因此，尽管是日本提出并主导了此倡议，中国也凭借自身雄厚的外汇储备积极响应并快速加入这一倡议中。[①]

该倡议是在 1977 年建立的东盟货币互换安排下，对其进行扩展并建立东盟国家以及中国、日本、韩国之间的双边货币互换。同时，这也是 1998 年日本"新宫泽构想"倡议的一个延伸，最初该倡议的资金使用与 IMF 挂钩比例为 90%。该倡议之所以取得成功，有如下特点。其一，虽由日本首先提出，但在东盟主导框架下，遵循东盟方式，没有强制性机构，隐藏与限制了日本主导东亚货币合作的野

① Benjamin, J. Cohen, "Finance and Security in East Asia," in Avery Goldstein and Edward D. Mansfield, eds., *The Nexus of Economics, Security, and International Relations in East Asia*, Stanford: Stanford University Press, 2012, p. 52.

心。其二，整体资金规模较小且与 IMF 挂钩比例为 90%，避免了刺激美国。其三，在参与成员设计上没有中国台湾，避免了刺激中国，并且获得了中国的支持。可见，日本改变了试图单边主导东亚货币合作的方式，转向更注重同东亚各国特别是中国的合作。

（2）亚洲债券市场倡议（ABMI）的发展

在亚洲债券市场建设上，日本凭借其领先的金融市场建设经验与雄厚的资金实力有着无可比拟的优势。其在 2002 年末提出"亚洲债券市场倡议"，但最终的推动仍是由泰国等在 2003 年 2 月东京 APT 非正式会议和 8 月马尼拉 APT 财长会议上促成的。经国际机构在本国内发行本币计价债券是中国发展债券市场的既定策略，① 因此中国也愿意参与到这一进程之中。虽然由日本和亚洲开发银行提供资金和技术支持，但是这种渐进的发展与"东盟方式"的约束，使日本不能凭借其金融优势主导该合作。可以看出，该议题的成功与 CMI 的成功有相似之处，都是在 APT 主导框架之下约束了日本的领导权，并且在成员范围上没有争议，所以赢得了对发展国内债券市场感兴趣的中国的支持，于是该议题成功通过了。

（3）清迈倡议多边化（CMIM）议题的成功

随着中国实力的快速增长，进入 21 世纪中国也开始积极主动地在 APT 框架内设定并引导新的发展议程。2003 年 10 月的第七次 APT 首脑会议上，中国首先提出推动"清迈倡议多边化"的倡议，对于这一议题日本也有着浓厚的兴趣。2006 年 5 月 APT 财长会议决定由中国和泰国牵头对此展开具体研究，2007 年 APT 财长会议决定"自我管理的外汇储备库"是 CMIM 的具体形式，2008 年 5 月 APT 财长会议决定了区域外汇储备库的初始规模和中日韩与东

---

① 孙杰：《深化亚洲金融合作的途径：日本的作用和影响》，《世界经济与政治》2007 年第 5 期。

盟的出资比例，2009 年 2 月特别财长会议决定加速清迈倡议多边化进程，将规模提升至 1200 亿美元，2009 年 5 月 APT 财长会议确定了 CMIM 的最终细节与治理机制，该协议于 2010 年 3 月正式生效。

该倡议从提出到通过历时六年，也算历尽艰辛。在此期间，中日就东亚峰会应为 "10 + 3" 模式还是 "10 + 3 + 3" 模式产生了分歧，并进行了激烈的区域政治角逐，以至于延缓了 CMIM 的步伐。[①] 此外，中日还就 CMIM 份额分配进行了激烈的争夺，最终中国内地占 28.5%，中国香港占 3.5%，加起来与日本的 32% 持平，使得两国都能接受。纵观整个历程，虽然此次议题由中国首先倡导，但是没有日本的合作仍然无法顺利实现，可见中国同样需要日本的支持。

四 东亚金融一体化中的中日关系因素的实证分析

前文对中日关系对于东亚货币合作的制度层面的重要性进行了定性分析，本部分将对东亚金融一体化中的中日关系因素进行回归分析。在此借鉴前人对于区域金融一体化的研究成果，选择使用金融资产交易引力模型为分析框架，以此考察中日关系对于东亚金融一体化的影响。

（1）计量模型设定与数据选择

引力模型是经济学研究中最为成功的经验模型之一，最初广泛应用于国际贸易领域研究，波茨（Portes）和雷伊（Rey）在 2005 年提出双边金融资产交易引力模型，用于探索权益类资产跨境交易的决定因素，此后引力模型开始应用于双边金融资产交易，随着该模型的理论基础与经验研究不断发展，其也被应用于探讨区

---

① 李巍：《东亚货币秩序的政治基础——从单一主导到共同领导》，《当代亚太》2012 年第 6 期。

域金融一体化的动因与阻力因素。[①] 本书借鉴前人研究，选取双边权益类和债务类国际资产组合投资作为衡量被解释变量东亚金融一体化的指标。在引力模型中，经济规模与双方距离是经典变量，正如物理学中的万有引力，即两个物体间的引力与两个物体的质量成正比、与两个物体之间的距离成反比一样，模型预计双边规模越大、距离越近，双边金融资产交易量越大，双边贸易与金融发展水平也是重要变量。此外，在模型中还加入汇率波动与虚拟变量 ABMI 及其之后的新路线图，在以此作为控制变量的基础上，加入中日关系这一主要观测变量，考察中日关系对东亚金融一体化的影响。

本书以"10 + 3"国家为考察对象，根据数据的可获得性，最终选取其中 7 个投资国和 13 个东道国作为分析样本，样本时间为 2001 ~ 2015 年。模型具体设计为：

$$E_{ijt} = \alpha + \beta_1 X_{it} + \beta_2 Y_{jt} + \beta_3 T_{ijt} + \beta_4 D_{ij} + \beta_5 E_{jt} + \beta_6 A_{t-2} + \beta_7 R_t + \theta_t$$

其中，i 代表投资国，j 代表东道国；E_{ijt} 为被解释变量，代表投资国 i 持有东道国 j 的双边权益类和债务类国际资产组合投资头寸，指代东亚金融一体化，数据来自 IMF 的 CPIS 数据库；X_{it} 和 Y_{jt} 分别代表投资国和东道国影响双边金融资产持有的国别因素，即影响东亚货币金融合作的国别因素，包括两国 GDP、金融发展水平，数据来自世界银行 WDI 数据库，其中金融发展水平是上市公司资本市场总额与 GDP 的比值；T_{ijt} 代表双边贸易额，数据来自 IMF 的 DOTS 数据库；D_{ij} 代表两国首都间的距离，数据

---

① 王伟、杨娇辉、孙大超：《东亚区域金融一体化动因与阻力分析》，《世界经济》2013 年第 8 期；Lane, R. Philip, and Milesi-Ferretti, G. M., "International Investment Patterns," *The Review of Economics and Statistics*, Vol. 90 (3), 2008, pp. 538 - 549; Lee, Jong-Wha, "Patterns and Determinants of Cross-border Financial Asset Holding in East Asia," ADB Working Paper Series on Regional Economic Integration, No. 13, 2008; Lee, Hyun-Hoon, Huh Hyeon-seung, and Park Donghyun, "Financial Integration in East Asia: An Empirical Investigation," ADB Economics Working Paper, No. 259, 2011.

来自 CEPII 数据库；E_{jt} 为东道国的汇率波动，由笔者用汇率指数月度数据取对数，然后进行一阶差分后求标准差算出，数值越大汇率波动越大，数据来源于 IMF 数据库；A_{t-2} 为虚拟变量 ABMI 及其之后的新路线图，该倡议签订前取 0，签订后取 1，因为倡议签订后，其发挥效用会有滞后性，所以将此变量滞后两期，以此考察制度上的建设是否有助于金融一体化的发展；R_t 为主要考察变量，代表中日关系，数据来自清华大学大国关系数据库，取值为 -10 ~ 10，取值越大，双边关系越好，越倾向于合作，反之则越差，越倾向于竞争，该数据库被广泛应用于国际关系定量研究之中。

（2）回归结果分析

表 6 - 1 为回归结果，两组均采用普通最小二乘法（OLS）进行回归分析，其中第一组为在经典的金融资产交易引力模型中加入中日关系变量，第二组则加入了制度建设上的虚拟变量 ABMI 及其新路线图。从两组结果来看，总体而言，最主要的观察变量中日关系均为正相关且显著，与预期一致，说明中日关系不仅在东亚货币合作制度建设方面具有决定性作用，而且在金融一体化方面也具有显著影响，两国关系的改善有助于东亚金融一体化的发展。同时，在回归结果（2）中，次要考察变量 ABMI 为正相关且显著，但其后的新路线图并未有显著相关性，说明东亚货币合作的制度建设确实有助于东亚金融一体化的发展，也间接说明了中日关系对于金融一体化的重要性，不过制度上的小规模完善并不会带来显著影响。此外，在其他控制变量中，投资国 GDP、双边贸易总额、投资国和东道国的金融发展也均为正相关且显著，与预期一致。投资国 GDP 正相关且显著说明了大国在金融一体化中的重要性，中日自然在一体化中有着重要地位。剩余控制变量中，东道国 GDP、两国间距离的相关性并不显著，东道国汇率波动正相关且显著，也属预期之

内。正如前人研究所示，这或许可以归结为东亚的特殊政治因素，如中日、韩日等国之间的政治冲突以及大国将持有小国金融资产视为对小国的奖励与支持等。[①]

表 6-1 回归结果

	（1） 双边国际资产组合投资	（2） 双边国际资产组合投资
投资国 GDP	0.531 *** （5.58）	0.620 *** （5.76）
东道国 GDP	-0.117 （-1.32）	0.0184 （0.19）
两国间距离	-0.0947 （-0.73）	-0.183 （-1.33）
双边贸易总额	1.048 *** （7.29）	0.934 *** （6.15）
投资国金融发展	2.402 *** （17.34）	2.617 *** （16.93）
东道国金融发展	0.770 *** （7.19）	0.858 *** （7.82）
东道国汇率波动	0.487 *** （3.07）	0.492 *** （2.94）
中日关系	0.0790 *** （2.99）	0.0715 ** （2.07）
ABMI	—	0.431 ** （2.00）
2008 年 ABMI 路线图	—	-0.161 （-0.90）

[①] 王伟、杨娇辉、孙大超：《东亚区域金融一体化动因与阻力分析》，《世界经济》2013 年第 8 期。

续表

	（1） 双边国际资产组合投资	（2） 双边国际资产组合投资
2012 年 ABMI 路线图	—	0.277 （1.17）
_cons	− 26.60 *** （− 7.73）	− 32.62 *** （− 8.35）
Prob > F	0.0000	0.0000
R-squared	0.6288	0.6389
N	737	663

注：小括号内为参数估计的 t 统计值；*** 、** 、* 分别代表 1% 、5% 、10% 的显著性水平。

五 中日围绕亚洲基础设施投资银行的博弈

2013 年 10 月，习近平在对印度尼西亚、马来西亚进行国事访问与出席亚太经合组织领导人第二十一次非正式会议期间首次提出建设亚洲基础设施投资银行（简称亚投行，AIIB）的倡议。2014 年 10 月 24 日，经中国努力及亚洲各国多次磋商后，首批 21 个意向创始成员国在北京签署了《筹建亚投行备忘录》。之后意向创始成员国不断增加，尤其是 2015 年 3 月 12 日英国加入成为西方国家加入亚投行的转折点，最终亚投行意向创始成员国为 57 个，遍及五大洲，覆盖安理会常任理事国 4 席，G20 国家中的 14 个，G7 国家中的 4 个及全部金砖国家，但美日均未加入。当前亚投行已与世界银行、亚开行及欧洲复兴开放银行展开合作，截至 2016 年 11 月在已通过的 6 个项目中有 4 个是合作融资的。在投资对象上，亚投行是"一带一路"倡议的重要金融支持，区域范围已跨欧亚、亚非，同时亚投行行长金立群也表示，"我们还支持那些并不一定被'一带一路'所覆盖的国家。地区性、全球性的合作将让所有人受益，我们有共同的利益、共同的想法，都是在一个共同的地球村里"。①

亚投行作为效率型国际金融公共产品，旨在支持亚洲国家间互联互通的基础设施建设，这有利于各国缩小发展差距，提升区域经济一体化程度，也能为货币一体化打下良好的经济基础。与其对应的是日本主导的亚开行，在支持东亚货币合作方面，亚开行设有地区一体化办公室，旨在对东盟的一体化和 ERPD 提供支持，2005 年其提出建立 ACU，这是推动区域经济监测与汇率协调的重要一环，2010 年亚开行又下设信贷担保投资机构（CGIF），以促进本地区货币债券市场的发展。可见，亚投行在未来东亚货币合作中的作用也充满想象空间。

亚投行诞生的原因分析。一方面，亚投行产生的根本原因是以美国为主导的全球金融体系治理下的制度困境。美国主导的世界银行、亚洲开发银行垄断了亚洲国家发展融资的公共品，存在将其"私有化"的倾向，造成机制官僚化、运行低效，对受援国强加政治、经济条件，并且在未来每年亚洲国家基础设施建设资金需求达7300 亿美元之时，世界银行与亚开行每年只能满足约 300 亿美元的资金，存在巨大的资金缺口，造成公共品的供给不足，而美日拒绝通过增资方式来改善世界银行、亚开行的资金供给和给予中国与其经济实力相应的政治地位，现有秩序不能展现出制度弹性，所以中国为了谋求更具包容性的国际金融秩序，只能从增量角度来进行改革。另一方面，中国的国内、国际发展战略是促使亚投行产生的直接原因。外交上中国面临国际格局深刻调整，国内经济转型改革继续深化，由此习近平在 2013 年 9 月和 10 月提出"一带一路"倡议，旨在在国际上广交朋友，共享发展，打造命运共同体；在经济上促

---

① 《亚投行成员将增至约 90 个　融资项目须具备三个最基本要求》，中国社会科学网，http://www.cssn.cn/hqxx/tt/201607/t20160706_ 3100188.shtml，最后访问日期：2016 年12 月 1 日。

进经济要素有序自由流动、优化配置，助力中国经济转型升级与灵活高效利用巨额外汇储备。亚投行作为这一大倡议布局中的关键一步应运而生，这自然会获得面临资金需求国家的支持，同样其他域外国家为分享亚洲经济增长红利也愿意参与其中。

来自日本的阻力。中日关于亚投行的竞争是之前竞争的继续，是竞争的深化。中国此举面临来自美国主导的国际金融秩序及其同盟国日本主导的亚洲金融秩序两个方面的双重压力，虽然中国无意颠覆现有秩序，但亚投行的成立在客观上必然会削弱美国和日本的全球及区域金融领导力，如果未来将人民币作为贷款计价与结算货币并发行人民币计价债券将对美元与日元造成沉重打击，所以势必遭到两国的抵制。日本在政治上一直受制于美国，这次也不例外，如以英国为首的西方国家纷纷加入亚投行之时，安倍晋三认为日本不着急加入亚投行，并向美国表示了日本是可信赖的国家。面对中国新的战略布局，日本势必会采取竞争性与分化性政策，安倍已于2015年5月表示在未来5年将为亚洲提供1100亿美元的基础设施投资，比过去提高了30%。在高铁出口领域日本同中国展开了直接竞争，泰国是中国泛亚铁路网的重要交汇处，也正是在这里日本开始发起高铁出口争夺战，以提供政府开发援助（ODA）的低息建设资金来吸引泰国政府。同年7月，日本又计划以2400亿日元投资菲律宾首都马尼拉规划的铁路建设项目，这是日本最大规模的ODA贷款，并且自马尼拉向南延伸的路线，已决定由亚开行在招标和承包商选定等手续方面提供建议。① 2015年7月，日本又与菲律宾签署工业合作行动计划。而恰好菲律宾和泰国并未在2015年6月29日签署亚投行协定。此外，2015年7月4日，日本对外宣布未来三年

① 《日本对抗亚投行第1笔投资是马尼拉铁路》，日经中文网，http://cn.nikkei.com/politicsaeconomy/economic – policy/15431 – 20150728. html，最后访问日期：2015年7月28日。

对湄公河流域国家提供 7500 亿日元的政府开发援助，超过过去的 6000 亿日元。除了经济上的竞争，日本也以南海等问题挑拨中国与周边国家之间的关系，这有可能会造成像中国对斯里兰卡援建近 50 亿美元基础设施建设项目后，该国政府更迭使相关投资贷款面临审查，给中国带来不利影响等后果。

亚投行和东亚货币合作的前景。随着协定的签署，亚投行揭开了面纱，其宗旨为致力于基础设施和其他领域的生产性投资，有别于世界银行和亚开行的减贫宗旨，起到补充作用。这也表示亚投行目前不会深入东亚货币合作的核心区域内的汇率协调领域，而是侧重于开发性金融合作，在这方面中国可以凭借持有的巨额外汇储备独立于日本有所作为，但是正如前文所述，也将面对来自日本强有力的竞争或搅局，这使得亚投行是否能达到预期目标仍存不确定因素。在投票权上，中国占总投票权的 26.06%，而重大事项需由 3/4 以上的投票权赞成，说明中国拥有重大事项的一票否决权，不过随着其他国家的加入，中国的投票权可能会相应稀释，在早期中国拥有主导权有利于亚投行发展，而允许股权和投票权被稀释也体现了"开放、包容"原则，展现出制度弹性，有利于其他国家的参与。当然，如果想切实地建设包容性国际金融秩序与深入推动东亚货币合作，亚投行需要更强的区域政治基础来支撑其发挥更大的作用，而这需要日本的参与。具体来看，日本虽然是亚洲现有金融秩序的领导者，但其仍受制于美国，同样面临美元体系带来的困境，这使得中日合作有着共同的利益基础，回顾过去，除多边合作之外，双边货币合作也取得了重要成果。如 2002 年中日签署清迈倡议中首个不用美元的本币互换协议，2012 年 6 月中日启动双边货币直接交易，这都说明中日合作是可能的且有益于双方的。否则，如将日本排除在外，其势必会继续采取竞争性与分化性政策，对中国的战略目标与亚洲的发展带来不利影响。所以，应该力促日本加入亚洲基础设施投资银行并给予其相应地位。虽然日本的选择会更多地考虑美国的感受与压力，但是中国的善意邀请，中国主导的亚投行更有效率、更加公平的运行规则以及亚投行本身对成员国所能带来的事实上的收益，最终会化解日本的顾虑而使其参与其中。日本的加入，无疑会对推进中日在东亚地区的金融合作产生积极的正向效应。总之，如果没有日本的参与，中国支持的亚投行或许可以在开发性金融领域做出成绩，但不可能更进一步对推进东亚货币合作做出贡献，只有中日合力促成亚投行与亚开行深化合作，压缩美国的影响力，才能在未来切实推动东亚汇率协调领域的发展。

第七章

结论与政策建议

　　本书在国际金融公共产品视角下,基于全球金融体系治理的2×2分析模式考察了全球金融体系治理的变革。全球金融体系治理在西方国家主导下出现,20世纪七八十年代发展中国家纷纷加入后壮大了该体系的力量,但也造就了西方主导下全球金融体系治理的"原罪",后起国为完善与变革全球金融体系治理也做出了不懈的努力。在全球层面,美国的美元霸权、对IMF的"私有化"、美联储双边货币互换的选择性及对世界银行的操控都对国际金融稳定与金融效率等国际金融公共产品供给造成负面影响,损害了广大新兴市场国家的利益。在区域层面,以东亚经济为例,以美国为主导的全球金融体系治理给其带来了货币困境、制度困境、结构困境三大困境,制约着东亚的区域金融稳定与金融效率。正是因此,以中国为首的后起国开始完善与变革以美国为主导的全球金融体系治理,在国际层面,理论上当前国际金融权力体系为单极结构,中国属于中等金融权力强国,单极结构下中国要联合其他中等强国并争取小国的支持才能对美国的金融霸权进行有效制衡,实践上中国联合新兴市场国家如金砖国家等推动了G20的发展、IMF的改革、世界银行的改革、人民币国际化和金砖国家新开发银行的建立,完善了全球金融公共产品的供给。在东亚区域,要想有效供给区域金融公共产品,中日合作极为关键，亚投行未来在东亚发挥影响的前景也受制于中日竞合。

基于本书分析，我们对希望变革以美国为主导的全球金融体系治理的后起国提出以下建议。第一，要对当前国际金融权力体系为单极结构有清醒的认识，没有一国实力足以单独挑战美国金融霸权，所以对于所有后起国来说，通过多边合作来达到制衡的实力门槛是必然选择。由于没有足够的实力能对美国构成直接挑战，所以在供给国际金融公共产品时应更关注联产品中的自主权及与美国主导体系的相容性。同时也要抓住体系竞争性处于中等阶段的机遇期，推动不合理的国际金融治理秩序的变革，建设更具包容性的全球金融体系治理。第二，对于提高国际金融权力，后起国可以走"工业型"道路，但在发展制造业的过程中，也不能顾此失彼，金融市场建设也要协调发展，以为发达的制造业提供与之匹配的金融服务，同时要加强完善政治制度建设，减弱既得利益者对经济结构发展的扭曲。第三，由于资本项目自由度与国际金融权力指数并不存在显著的相关关系，所以从增强金融权力的角度来看，后起国不用急于资本项目的完全自由化，要充分考虑本国的经济现状与金融安全状况再做决策。第四，继续强化 G20 和金砖国家的合作机制，两者作为重要的沟通型国际金融公共产品，有助于让广大新兴市场国家在全球金融治理变革中获得更大发言权。此外，基于国际金融公共产品的"公共性的三角结构"的考察，新开发银行排他性特征较强，为提供更具包容性的国际金融公共产品，新开发银行需在消费的公共性和决策制定的公共性上加强，积极邀请其他新兴市场国家和发展中国家加入，并将贷款目的国扩展至非金砖国家。

基于对当前国际金融权力体系为单极结构的认识，我们也建议中国从东亚区域金融公共产品供给着手，通过与东亚货币金融合作来完善全球金融体系治理。具体建议如下。

从过去实践的考察中我们认识到，没有中日共识就没有东亚货币合作的前进，从 1997 年中国的 GDP 仅为日本的 1/4，到当前已为日本的两倍，在相对实力发生转换之时，中国正确处理中日关系角色定位是东亚货币合作顺利发展的前提，在此基础之上我们可以借鉴互联互通理念，在中长期推动合作深入发展。

第一，中国需谨慎对待主导东亚货币合作的想法，并从中日经济"合则双赢，分则双输"的角度出发，理性地为中日争端降温，为共同推动东亚货币合作创造良好条件。中日两国还处在不同的经济发展阶段，具有不同的比较优势，经过几十年的发展，中日两国经济已经形成了一种合作共赢的相互依赖格局。当前中国正处于经济转型和结构调整的关键时期，需要一个良好的外部环境。如果说小泉时期中日之间是"政冷经热"的话，当前两国关系已开始呈现"政冷经冷"的态势，更加令人不安的是，两国人民之间的不信任将极有可能推动这种格局持续下去。无论是从推动国内经济发展的角度，还是从地缘政治经济的角度，这种格局对中国来说无疑都是不利的。作为一个最大的发展中国家，中国经济的成长，进而中国的和平崛起，最终还是需要周边国家的认可与合作。从地区合作的角度看，离开日本的支持，中国想引导并推动区域货币合作也将是非常困难的。正如 1997 年没有中国的支持日本无力促成 AMF，所以没有理由认为中国经济地位上升了就可以单独主导东亚货币合作。因此，在领土争端及其他历史问题上，中国在坚持原则的同时，还需以更远大的目光和抱负来化解当前的危机。

第二，积极推进东亚区域内的汇率协调与合作。国际分工与贸易是影响汇率合作的基础因素，中日两国可抓住东亚互联互通建设的机遇，重整东亚区域内的生产网络与贸易格局，构建一种更加平衡的区域分工格局。目前中日都面临国内经济结构性改革，由于两国处在不同的发展阶段，国内经济结构有很大的互补性，两国可以在这一时期加强经济、技术、信息沟通与合作，将各自的经济改革共同嵌入东亚区域经济重组之中。为此，可以首先实现制度性的日元与人民币汇率的协调与合作，之后区域内其他国家再逐步加入。同时中日可以就 ACU 问题展开合作研究，在时机成熟的条件下在亚洲开发银行的框架内提出行动方案，在合作中形成货币篮子，可以避免中日两国对于各自货币的权重产生分歧，使东亚货币一体化更进一步发展。

第三，积极推进东亚区域金融市场的建设。为了推进东亚货币合作朝着更加深入的方向发展，中国可以与日本一道，在区域债券市场、区域股票市场以及地区金融中心等多个方面展开范围广泛的合作。区域债券市场的合作已经有过成功的经验，未来可以继续深化，不断扩大市场规模；区域股票市场的合作则可以成为东亚货币合作的一个新的增长点。股权融资可以帮助亚洲国家解决金融结构失衡问题，区域股票市场可以同区域债券市场一样催生区域汇率合作和共同货币。[①]此外，为了更进一步地发展本国金融市场，为货币国际化服务，中国内地和日本可以借鉴中国上海股票交易所和香港股票交易所实行的"沪港通"模式，探索发展"S－H－T"（上海—香港—东京）模式的可能性，通过"干中学"，逐渐向其他交易品种以及其他国家扩展。这些合作不但有利于中日两国以及东亚其他国家之间的金融交流与发展，而且能缓解区域内金融中心争夺中的零和竞争，实现多赢，从而推动东亚货币合作实现广泛、深入以及可持续的发展与进步。

第四，中国应积极诚恳地邀请日本加入亚投行建设之中。如果没有日本的参与，中国支持的亚投行或许可以在开发性金融领域做出成绩，但较难更进一步对推进东亚货币合作做出贡献，只有中日合力促成亚投行与亚开行深化合作，弱化美国影响力，才能在未来切实推动东亚汇率协调领域的发展。

---

① 孙杰：《深化亚洲金融合作的途径：日本的作用和影响》，《世界经济与政治》2007 年第 5 期。

图书在版编目（CIP）数据

全球金融治理变革研究：基于国际金融公共产品的
视角／周帅著. -- 北京：社会科学文献出版社，
2018.5
（辽宁大学转型国家经济政治研究中心青年学者文库）
ISBN 978 - 7 - 5201 - 2680 - 9

Ⅰ.①全…　Ⅱ.①周…　Ⅲ.①国际金融管理 - 研究
Ⅳ.①F831.2

中国版本图书馆 CIP 数据核字（2018）第 091341 号

辽宁大学转型国家经济政治研究中心青年学者文库
全球金融治理变革研究
　　——基于国际金融公共产品的视角

著　　者／周　帅

出 版 人／谢寿光
项目统筹／周　丽　高　雁
责任编辑／冯咏梅　王红平

出　　版／社会科学文献出版社·经济与管理分社（010）59367226
　　　　　地址：北京市北三环中路甲29号院华龙大厦　邮编：100029
　　　　　网址：www.ssap.com.cn
发　　行／市场营销中心（010）59367081　59367018
印　　装／三河市龙林印务有限公司

规　　格／开　本：787mm × 1092mm　1/16
　　　　　印　张：10.5　字　数：151千字
版　　次／2018年5月第1版　2018年5月第1次印刷
书　　号／ISBN 978 - 7 - 5201 - 2680 - 9
定　　价／69.00元